Reisen in die Heimat
Band 7
Maria A. Pfeifer
SIEBENGEBIRGE

Maria A. Pfeifer

Reisen in die Heimat   Band **7**

Siebengebirge

J.P. BACHEM VERLAG

regionale 2010

Bildnachweis:
Titelbild: Andreas Vierkötter

Alle Bilder: Regionale 2010-Agentur/Ralf Schuhmann, außer: arbos Landschaftsarchitekten:
S. 24; Breuer, Klaus: S. 26 f.; Brückenhofmuseum/Heimatverein Römlinghoven und Oberdollendorf: S. 48 li., S. 52 o., S. 55 (aus Schumacher, Karl: Die Mühlen im Heisterbacher
Tal, 2007); Grömping, Hans-Wilhelm: S. 93 o.; Pfeifer, Maria Anna: S. 10, 14, 16 f., 21,
23, 25, 36, 38, 40f., 43, 45 u., 46 f., 49, 54, 56-59, 66-68, 70 f., 74 f., 77, 80-85,
88 f., 91 f., 93 u., 94-96; Pool 2 Architekten, Plandrei Landschaftsarchitekten, WWG
Königswinter: S. 39; Steilen, Ulli: S. 42; Tourismus Siebengebirge: S. 8; Wikimedia Com-
mons/public domain: S. 87

Danksagung:
Meinen besonderen Dank möchte ich allen sagen, die zum Gelingen dieses Buches
beigetragen haben, insbesondere folgenden Institutionen und Personen:
Brückenhofmuseum/Heimatverein Römlinghoven und Oberdollendorf:
Herrn Karl Schumacher, Herrn Lothar Vreden
Den Mitarbeiterinnen und Mitarbeitern des Siebengebirgsmuseums
Verschönerungsverein Siebengebirge: Herrn Klaus Breuer, Frau Dr. Miriam Mews

Bibliografische Information der Deutschen Nationalbibliothek
Die Deutsche Nationalbibliothek verzeichnet diese Publikation in der Deutschen National-
bibliografie; detaillierte bibliografische Daten sind im Internet über http://dnb.d-nb.de
abrufbar.

1. Auflage 2010
© J.P. Bachem Verlag, Köln 2010
Redaktion: Martina Dammrat, Christoph Hölzer, Reimar Molitor und Miriam Moser, Köln
Lektorat: Frauke Severit, Köln
Bildredaktion: Aurette Liese, Köln
Kartographie: KGS Schlaich, Geislingen
Einbandgestaltung und Layout: Heike Unger, Berlin
Reproduktionen: Reprowerkstatt Wargalla GmbH, Köln
Druck: Grafisches Centrum Cuno, Calbe
Printed in Germany
ISBN 978-3-7616-2336-7

Mit unserem **Newsletter**
informieren wir Sie gerne
über unser Buchprogramm.
Bestellen Sie ihn kostenfrei unter
➚ **www.bachem.de/verlag**

⟨ *Titelbild: Blick auf Wolkenburg und Drachenfels*

Vom Reisen in die Heimat

Mark vom Hofe

In die Heimat reisen, die gewohnte Umgebung mit anderen Augen sehen, Bekanntes wiederentdecken und Neues erkunden – das ist das Ziel der Buchreihe **Reisen in die Heimat**. Möglich wird dies durch die Regionale 2010, jene „Rheinische Welt-Ausstellung", die nach sechs Jahren der Ideensammlung, Projektentwicklung, Kreativität und Fantasie in die Umsetzungsphase gestartet ist und 2010 vorstellen will, welche zukunftsweisenden Projekte in der Region Köln / Bonn in Angriff genommen wurden.

Die Regionale 2010 verfolgt ein wesentliches Ziel: Menschen sollen die Zukunft ihrer Heimat selbst in die Hand nehmen. Zwischen Bergheim und Bergneustadt, zwischen Wermelskirchen und Windeck haben dies Politik, Wirtschaft, Einzelhandel, Vereine aus Sport, Kultur und Naturschutz, Wohlfahrtsverbände und Bürgerinitiativen – kurz alle, die bei Projekten der Zukunft mitsprechen und sie mitgestalten wollen – getan. Sie haben die Initiative ergriffen, nicht lokal, sondern regional, über die Grenzen der Gemeinden und Kreise hinaus, ja sogar über das große vereinende, aber zugleich so trennende fließende Band, den Rhein, hinweg.

Die Menschen in der Region sollen sich ihres Schatzes vor der eigenen Haustür oder auf der jeweils anderen Rheinseite stärker bewusst werden. Die Regionale will Brücken schlagen und zeigen, dass sich die Region als eine attraktive, erlebnis- und abwechslungsreiche Gruppe von Kulturlandschaftsräumen darstellt, die eng miteinander verzahnt sind.

Acht ausgesuchte Ziele der Heimat

Fragt man Menschen, was ihnen zum Rheinland einfällt, lautet die Antwort oft: Karneval, Kölner Dom und Siebengebirge. Folglich widmet die

Buchreihe **Köln** und dem **Siebengebirge** je einen Band. Auch der **Rhein**, der dem Land den Namen gibt, muss einen eigenen Band erhalten. Ihnen gemein ist die Mischung aus Bekanntem, regional Besonderem und Innovativem als Ergebnis des Regionale-Prozesses: Informationen, Tipps, Anekdoten und unbekannte Zusammenhänge machen die Ausflüge zu neuen, reichen Erlebnissen.

Der Titel **Vierflüsseland** beschreibt das Gebiet östlich des Rheins entlang der Dhünn, der Wupper und der Strunde und beleuchtet das Zusammenspiel von Mensch und Gewässer bei der Arbeit und der Erholung. Im Osten liegen auch die **Bergischen Höhen**, die von Grünland, Wald und tief eingeschnittenen Tälern geprägt sind und im Raum des „Wasserquintetts" hinter gewaltigen Mauern das Wasser speichern. Die reich gewundenen Flüsse **Sieg und Bröl** schließlich prägen eine besonders reizvolle Landschaft mit großem geschichtlichen Hintergrund, für den Schloss Homburg im Homburger Ländchen steht.

Im Westen der Region verdienen mit **Bonn und Vorgebirge** die ehemalige Bundeshauptstadt und die Kultur- und Naturschätze ihres Umlandes einschließlich des lang gestreckten Waldgebietes Kottenforst ebenso einen eigenen Band wie das größte rheinische Braunkohlegebiet **Entlang der Erft**. Mit dieser Landschaft, die seit Generationen durch den Tagebau geformt wird und in der nun zu den zwei Kölner Grüngürteln ein drittes grünes Band entsteht, schließt sich der Reigen: Wer die gesamte Region erkunden will, hat mit acht Bänden und einem Radführer dazu die Gelegenheit – und die Gewissheit, in jedem Band die bekannten, aber vor allem die unbekannten Besonderheiten, Sehenswürdigkeiten und Eigenarten genannt, erklärt und in ihre regionalen Zusammenhänge eingeordnet zu finden. Auf dass daraus wiederum Heimat werde.

Kulturlandschaftsraum Siebengebirge

Die Entstehung der Kulturlandschaft im Siebengebirge

Das Siebengebirge ist ein Gebirgszug innerhalb des rheinischen Schiefergebirges, rechtsrheinisch im Süden von Bonn gelegen. Sagenumwoben, hat sich dieses Gebiet trotz einiger landschaftsschädigender Entwicklungen in den letzten Jahrhunderten viel von seiner Schönheit bewahren können, dessen Besonderheiten nicht nur durch

Blick von der Löwenburg über Siebengebirge, Rheintal und Eifel

die natürlichen Gegebenheiten, sondern auch durch die Überprägung seitens des Menschen entstanden sind.

Abweichend von seinem Namen zählt der Gebirgszug mehr als vierzig Hügelkuppen, die sieben höchsten sind

- der Große Ölberg (460 m)
- die Löwenburg (455 m)
- der Lohrberg (432 m)
- der Nonnenstromberg (335 m)
- der Petersberg (331 m)
- die Wolkenburg (324 m)
- und der Drachenfels (321 m).

Die Naturlandschaft des Siebengebirges ist vulkanischen Ursprungs; seine Kuppen entstanden vor etwa fünfundzwanzig Millionen Jahren. Aus über vierzig Kilometern Tiefe stieg Magma auf. Explosionsartig und vermutlich begleitet von heftigen Erdstößen wurden zunächst Tuffe (zu Asche zerplatze Lava) ausgeworfen, die große Flächen als teilweise zweihundertfünfzig bis dreihundert Meter hohe Schicht bedeckten. Für die damalige Tier- und Pflanzenwelt müssen diese Vulkanausbrüche sehr verhängnisvoll gewesen sein.

In die mächtige Tuffdecke drangen anschließend die Gesteinsschmelzen ein. Meist kamen diese gar nicht zum Ausbruch, sondern erstarrten noch während des Aufstiegs innerhalb der Tuffschicht, wie im Fall der Quellkuppe des Drachenfelsens. In verschiedenen Lagerungsformen kristallisierten die Schmelzen aus und bilden die Vielfalt an Gesteinen, die im Siebengebirge vorkommen. Im Laufe der folgenden Jahrmillionen wirkte die Erosion auf die Tuffdecke, und da die erstarrten Schmelzen härter waren als der Tuff, wurden diese langsamer erodiert und

Blick auf das Siebengebirge vom Rhein aus: im Vordergrund der Drachenfels mit Burgruine, rechts dahinter die Kuppe der „Wolkenburg" (die ehemalige Burgruine existiert nicht mehr)

blieben als Hügelkuppen zurück. So entstand die wellige Oberfläche des Siebengebirges. Man kann das Siebengebirge auch als „Ansammlung erodierter Vulkane" bezeichnen.

Kulturlandschaft entsteht durch die Überprägung der Naturlandschaft durch den Menschen. Die Anwesenheit des Menschen ist seit etwa zwölftausend Jahren im Siebengebirge nachweisbar. Der früheste bleibende Einfluss auf die Landschaft ist mit römischen Steinbrüchen in den ersten Jahrhunderten nach Christus am Drachenfels belegt. Dabei wurden Abbau- und Transportbereiche eingerichtet und offen gehalten sowie Schneisen, Trassen und eine Verladestelle angelegt, die in vereinzelten Strukturen heute noch sichtbar sind.

Zwischen dem 10. und 12. Jahrhundert bildete sich ein differenziertes Nutzungsmosaik im Siebengebirge aus: Abgabepflichtige Einzelhöfe, Hofverbände und dörfliche Flecken entstanden, ausgedehnte Weinbauflächen wurden angelegt, und die Steingewinnung in Steinbrüchen setzte neu ein.

Beispiele dieser kulturlandschaftlichen Entwicklungsphase sind der Bau des Klosters Heisterbach sowie die durch territorialpolitische Auseinandersetzungen entstandenen Burgen Drachenfels, Wolkenburg, Rosenau und Löwenburg. Für den Bergbau lassen sich die Steinbrüche am Drachenfels, an der Wolkenburg und am Stenzelberg anführen und für den Weinbau beispielsweise die Weingüter Sülz, Heisterberg und Bredershof in Dollendorf, der Domkapitelhof in Rhöndorf, der Jesuiterhof in Königswinter oder auch die zwei untergegangenen Weingüter Wülsdorfer Hof und Rüdenet.

Diese Mosaikteile setzen sich zum Gesamtbild der kulturellen Dimension der Landschaft zusammen, die im Mittelalter begründet wurde und bis heute ihren Charakter in wesentlichen Zügen bewahrt hat.

Blockschuttwald mit erodierenden Basaltblöcken am Gipfel des Leybergs

Im 19. Jahrhundert erlebte das Siebengebirge einen starken Nutzungs-druck im Hinblick auf den Gesteinsabbau. Die Berge Weilberg, Peters-berg, Ölberg, Drachenfels und Wolkenburg verloren ihre natürlichen Silhouetten. Neben den eigentlichen Steinbrüchen führten die Halden und die zugehörige Infrastruktur zu Beeinträchtigungen. Gleichzeitig er-wuchs aus der geistigen Strömung der Rheinromantik eine verstärkte Wertschätzung der Landschaft. Vor diesem Hintergrund entstanden 1869 der Verschönerungsverein für das Siebengebirge und 1886 der Verein zur Rettung des Siebengebirges, die zu Beginn des 20. Jahrhunderts die Einstellung der Bergbauarbeiten, das heißt der direkten Landschafts-zerstörung erwirkten.

Mit der Rheinromantik setzte auch der Tourismus im Rheintal ein, dar-über hinaus wurde die Rheinseite zu einer bevorzugten Wohnlage. Durch den Ausbau der Rheinschifffahrt, die Anbindung an die Eisen-bahn und den zunehmenden Naherholungsbedarf wuchs die touristi-sche Bedeutung des Siebengebirges im ausgehenden 19. und im 20. Jahrhundert. Massentourismus und Bauprojekte, die mit dem Charak-ter der Landschaft unvereinbar waren, insbesondere der fortgesetzte Ausbau von Verkehrswegen in der jüngeren Vergangenheit, haben der Landschaft und den Ortsbildern im Siebengebirge geschadet. Seit den Anfängen des 21. Jahrhunderts entwickeln sich erste Schritte zur Um-kehr dieser Tendenz – beispielsweise in Form von Projekten der Re-gionale 2010.

Dieses Buch möchte Sie dazu einladen, die landschaftliche Schönheit des Siebengebirges wieder zu entdecken, sich auf die Spurensuche nach dessen mittelalterlicher Überprägung zu begeben und die ersten, faszinierenden Entwicklungsstufen der Region in Richtung eines scho-nenderen und nachhaltigeren Tourismus mitzuerleben.

Weinbau seit dem Mittelalter: historischer Weinkeller im Nachtigallental

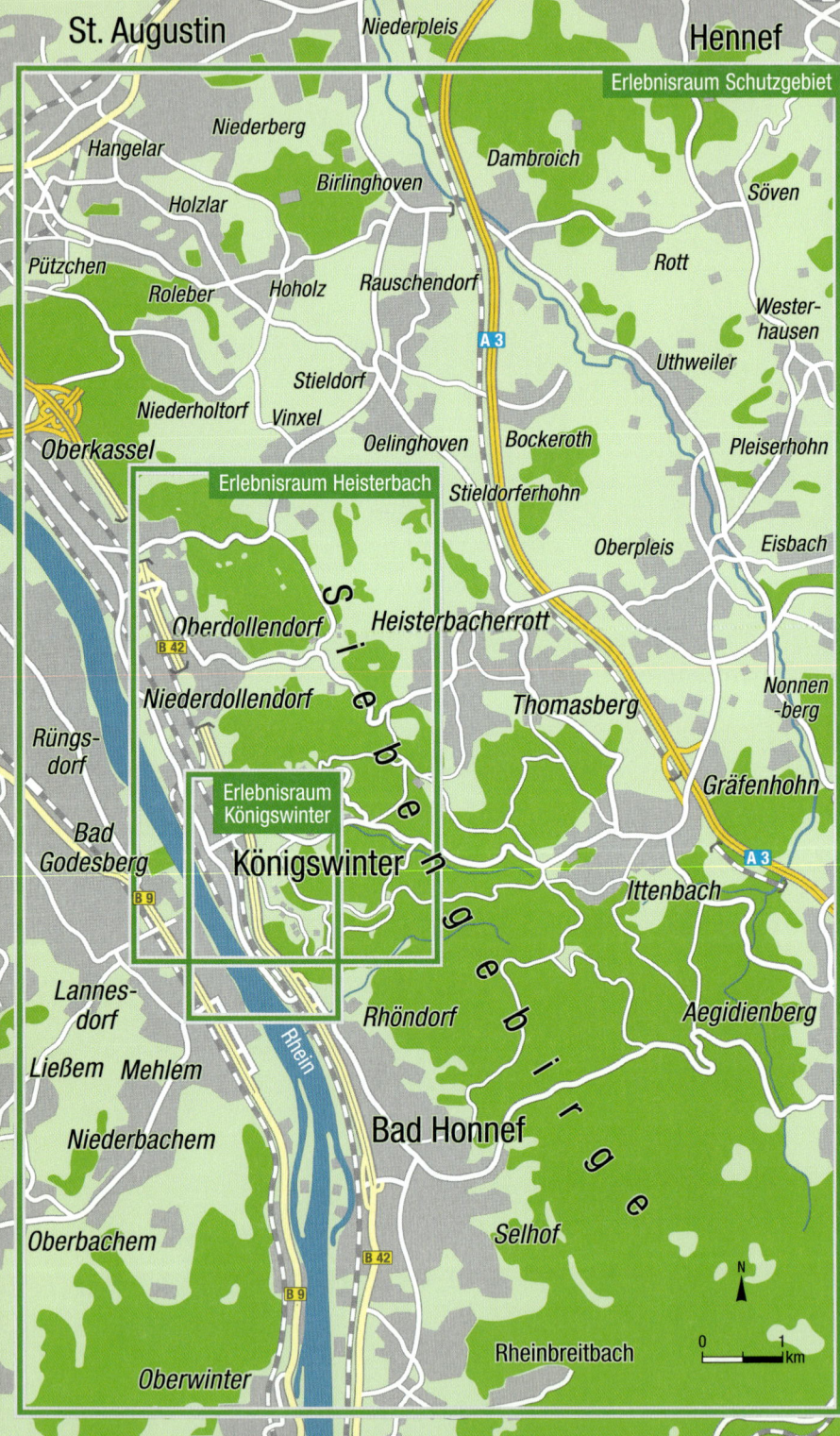

Erlebnisräume im Siebengebirge

Es gibt eine Reihe von Möglichkeiten, sich das Siebengebirge zu erschließen. Dieses Buch führt Sie in Form von „Erlebnisräumen" beispielhaft an drei Orte, an denen innovative Veränderungen stattfinden und die Sie mit neuen Erlebnismöglichkeiten erwarten:

• Das im Mittelalter gegründete Rheinstädtchen Königswinter, das sich auf seine Geschichte und Themen zurückbesinnt und daran mit neuen Konzepten für seine Besucher anknüpft.

• Das Kloster Heisterbach, dessen Fundamente ebenfalls im Mittelalter gelegt wurden und das über Jahrhunderte hinweg durch Landwirtschaft und Handwerk die Kulturlandschaft der Umgebung geprägt und ihr seinen sakralen Stempel aufgedrückt hat.

∧ *Teil der Burgruine auf dem Gipfel des Drachenfelsens*

- Als dritten Erlebnisraum erfahren Sie mehr über das gesamte Schutzgebiet „Siebengebirge", das sich derzeit ebenfalls in einer bewegten
Phase der Erneuerung befindet.

Erlebnisraum Königswinter und der Drachenfels

Als Inbegriff für Weinbau entstand Königswinter, das 1015 erstmals urkundlich erwähnt wurde, unter dem Namen *Winetre* aus mittelalterlichen Wein- und Versorgungshöfen, deren Überreste sich noch heute in
der Altstadt finden. Durch die privilegierte Lage des Orts am Rhein öff-
neten bereits im Mittelalter erste repräsentative Gästehäuser an der
Uferpromenade ihre Pforten, die heute durch Hotels abgelöst worden

Blick vom Drachenfels über Königswinter nach Bonn

sind. Auch der sich am Rande der Stadt erhebende Drachenfels erhielt bereits im Mittelalter durch den Bau der Burg auf seinem Gipfel eine Rolle als südlicher Außenposten von Kurköln. Der späteren Ruine wurde während der Romantik im 19. Jahrhundert eine emotional stark aufgeladene Bedeutung zuteil, da bauliche Überreste in dieser Periode als Symbole des vergänglichen Menschenwerks vor der Kulisse der ewigen Natur betrachtet wurden. Aus dieser Zeit datieren auch die prächtigen Villen in ihrer typisch historisierenden Architektur, allen voran Schloss Drachenburg.

Der Drachenfels ist durch mittelalterliche Epen und deren verschiedene Darstellungsformen während der Romantik im 19. Jahrhundert zu dem Ort geworden, an dem der Held Siegfried den Drachen Fafner tötete, woran (unter anderem) die dortige Nibelungenhalle als architektonisches Denkmal erinnert.

Nachdem vor allem in der zweiten Hälfte des 20. Jahrhunderts in Königswinter historische Zeugnisse dem Verfall preisgegeben oder durch Bauprojekte ruiniert worden sind, hat sich die Stadt entschieden, ihr noch verbliebenes historisches Erbe zu retten und mit verschiedenen Maßnahmen die Stadtgeschichte sowie die Themen des Siebengebirges für Besucher wieder sichtbar zu machen: Auf den Spuren der mittelalterlichen Landschaftskultivierung wandeln, die überbordende Emotionalität der Rheinromantik erleben und mit den Annehmlichkeiten unserer heutigen Zeit verbinden – das bieten Königswinter und der Drachenfels gegenwärtig.

Erlebnisraum Kloster Heisterbach

Auch in diesem Erlebnisraum können Sie den Spuren der mittelalterlichen Landschaftskultivierung folgen, und zwar in Form von verschiede-

Der Aufstieg von Königswinter zum Gipfel des Drachenfelsens ist zu Fuß, mit Zahnradbahn oder Esel möglich.

nen Wandertouren in der Gebirgslandschaft. Neben einer Besichtigung der Klosteranlage mit ihrem einst riesigen Kirchenbau bietet jeder dort beschriebene Wanderweg ein eigenes Thema zur Geschichte des Klosters. So führen die baulichen Anfänge des Klosters auf den benachbarten Petersberg, wo Sie die Spuren der Vorläuferkirche finden. Historische Fischteiche innerhalb und außerhalb der Klostermauern dokumentieren die Ernährungsweisen der Mönche. Ehemalige Mühlen erinnern an verschiedene Handwerke wie das Mahlen von Getreide oder Ölfrüchten, das Zerstampfen von Gestein, das Pressen von Filz und anderen Geweben oder das Schleifen von Werkzeugen. Alte Flurnamen verweisen auf historischen Weinbau.

Im Gegensatz zum profanen Königswinter setzen die Wanderungen in diesem Erlebnisraum das Bild einer „sakralen" Kulturlandschaft zusammen, die aufzeigt, wie die Zisterziensermönche in ihrem Kloster über die Jahrhunderte lebten, wirtschafteten und die heutige Kulturlandschaft prägten.

Erlebnisraum Schutzgebiet

Dieser Erlebnisraum führt Sie in die Naturschutzgeschichte des Siebengebirges ein. Bereits im 19. Jahrhundert war das Gebiet zwischen Naturnutzern und Naturschützern hart umkämpft, und in den letzten Jahren ist eine heftige Diskussion darüber entbrannt, ob das Siebengebirge Naturschutzgebiet bleiben oder Nationalpark werden sollte. Bei Drucklegung dieses Buchs war durch die Stadt Bad Honnef die Entscheidung gegen einen Nationalpark gefallen.

In diesem Erlebnisraum lernen Sie historische Hintergründe und Unterschiede zwischen den verschiedenen Kategorien von Schutzgebieten kennen.

Schutzwürdige Landschaft im Siebengebirge: Buchenmischwald
Innenansicht der bekannten Chorruine des Klosters Heisterbach

Erlebnisraum Königswinter und der Drachenfels

Sowohl für die Stadt Königswinter selbst als auch für ihren „Hausberg", den Drachenfels, sollte man, wenn man seinen Besuch entspannt angehen möchte, jeweils einen Tag einplanen. Zwar sind die Wanderstrecken kurz (Rundtour circa fünf Kilometer), doch die Sehenswürdigkeiten zahlreich, sodass man eher schlendert als wandert. Stadt und Berg eignen sich auch hervorragend für einen Besuch mit der gesamten Familie.

Was können Sie hier tun und erleben?

Ein Bummel durch die Altstadt und entlang der Rheinpromenade mit Einkehrmöglichkeiten oder auch eine Schiffsfahrt sind sehr empfehlenswert. Das Siebengebirgsmuseum informiert umfassend über den Gebirgszug und wird im Rahmen der Regionale 2010 zu einem vielversprechenden Erlebnisort ausgebaut. Von hier aus werden Stadtführungen und thematische Exkursionen ins Siebengebirge angeboten.

Vor allem für Kinder interessant ist das Sea Life Königswinter, ein Aquarium auch mit Inszenierungen aus dem Siebengebirge.

An Wochenenden kreist ein Lokomobil vom Vorplatz der Zahnradbahn durch die Altstadt.

Die Aussicht vom Drachenfelsgipfel ist atemberaubend. Sie können den Berg wandernd erobern (circa 2,5 Kilometer), mit der Zahnradbahn oder sowohl als auch in Teilstrecken. Kinder erwartet im Sommer zudem das historische Erlebnis, auf einem Esel nach oben zu reiten. An der Strecke finden Sie das märchenhafte Schloss Drachenburg mit seinen Museen (Naturschutz, Baugeschichte), die Nibelungenhalle sowie zahlreiche Attraktionen und Einkehrmöglichkeiten.

Anfahrtspunkt:

Bahnhof in Königswinter (öffentliche Verkehrsmittel) oder die Talstation der Zahnradbahn (private Verkehrsmittel) in der Drachenfelsstraße 51, 53639 Königswinter.

Parkmöglichkeiten:

Parkplätze stehen direkt an der Talstation unter der Brücke der B 42 oder im näheren Umkreis zur Verfügung.

Anreise mit ÖPNV:

• Aus Richtung Köln und Koblenz mit der Bahn bis zum Bahnhof (circa alle 30 Minuten), von dort zu Fuß bis zur Talstation der Zahnradbahn.

• Aus Richtung Bonn/Siegburg und Bad Honnef verkehrt die Stadtbahnlinie 66 mit hoher Taktfrequenz (alle 10–30 Minuten).

Burgruine auf dem Gipfel des Drachenfelsens

Rheinromantiker, Drachen und Helden

Vom Bahnhofsgebäude kommend, folgen Sie der Bahnhofsallee auf die große Straßenbrücke zu und unter dieser hindurch bis zur Bahnhofstraße. Auf diese biegen Sie nach rechts ab und gehen auf ihr bis zur Hauptstraße, auf dieser nach rechts versetzt und dann durch die Ferdinand-Mülhens-Straße bis zur Promenade an den Rhein. Ferdinand Mülhens (1844–1928) war Unternehmer in Königswinter und Köln, der unter anderem das Parfüm 4711 produzierte und das Hotel auf dem Petersberg besaß, das später zum Bundesgästehaus wurde (s. S. 68).

An der Promenade lassen sich von den Bänken aus hervorragend die Schiffe auf dem Rhein beobachten, zudem locken Cafés und Restaurants zur Einkehr. Anlegestellen verschiedener Schifffahrtsgesellschaften laden zu Rheinfahrten ein: zu Streckenfahrten als Ergänzung zu einer Wanderung oder auch zu größeren und kleineren Rundfahrten. Wenn Sie an der linken Straßenseite entlang bummeln, zeigen Schilder die Attraktionen in der Altstadt an. Sie sollten es nicht versäumen, in die Altstadtgässchen Pfefferstraße, Altenburger Gasse, Tomberger Straße, Klotzstraße oder Kellerstraße abzubiegen und sich die historischen Weinhöfe oder verwinkelten Fachwerkhäuschen anzusehen. Erläuterungen zu den Gebäuden liefert das Naturpark-Heft (s. S. 40).

Historische Schmuckstücke in der Hauptstraße sind die Hausnummern 392 aus dem Jahr 1695 mit dem Wappen der Familie de Claer (Statthalter der Burggrafen vom Drachenfels) über dem Torbogen und die Hausnummer 390. Dieses Fachwerkgebäude „Im Tubak" (1693) war ursprünglich die Posthalterei von Königswinter. In der Altenburger Gasse lag ein Stadthof des Klosters Heisterbach mit einem heute noch existierenden Gebäude an der Rheinpromenade, das als Gästehaus diente

Ehemalige Posthalterei: das Haus „Im Tubak" von 1693 in der Altstadt von Königswinter

(s. Bild S. 77 unten sowie Erlebnisraum Heisterbach, S. 42 ff.). In der Kellerstraße befindet sich das Siebengebirgsmuseum, das mit einer umfangreichen Sammlung zur Natur- und politischen Geschichte sowie mit Wechselausstellungen zu Themen des Siebengebirges aufwartet.

An der Rheinpromenade treffen Sie auf eine Skulptur des Bildhauers E. F. Sander (*1925), die zwei Esel an einem Brunnen darstellt. Die Stadt Königswinter hat diesen Tieren ein Denkmal gesetzt, da sie es waren, die bis zum Anfang des 19. Jahrhunderts vor allem Steine aus den Tagebauen des Drachenfelsens abwärts transportierten. Mit der aufkommenden Reisewelle der Rheinromantik im 19. Jahrhundert dienten Esel (ebenso wie Pferde) auch für den Transport von Menschen auf den Gipfel. Im Jahr 1900 waren sechsunddreißig Esel im Einsatz. Heute gibt es immerhin noch einen Reittierhalter mit zehn Eseln, und nur Kinder dürfen auf ihnen nach oben reiten.

Gegenüber dem Eselsdenkmal befindet sich das Aquarium „Sea Life Königswinter", das neben Wassertieren der Weltmeere auch die Tiere der heimischen Flussläufe wie des Rheins vorstellt.

Wenn Sie genug vom Bummeln am Rhein und in der Altstadt haben, sollten Sie zwischen Kellerstraße und Aquarium die Drachenfelsstraße aufsuchen und sich entlang dieser zum Drachenfels aufmachen.

Hier können Sie konzentriert die weitreichenden Veränderungen im Stadtbild von Königswinter beobachten, die im Rahmen der Regionale 2010 durchgeführt werden, aber zum jetzigen Zeitpunkt längst noch nicht abgeschlossen sind. Beginnend an der Rheinpromenade kommen Sie zunächst zum Rathaus mit seinem Vorplatz sowie zum gegenüberliegenden Bachem-Haus. Der Vorplatz diente bis zur Drucklegung des Buchs nur als Parkplatz, soll aber in Zukunft zu einem einladenden offenen Aufenthaltsort für Gäste und Bürger umgestaltet werden.

Der Eselsbrunnen an der Rheinpromenade

Regionale 2010
Das Siebengebirgsmuseum

Eingebettet in die Altstadt von Königswinter, bietet das Siebenge-birgsmuseum eine beeindruckend umfangreiche Dokumentation zur Regionalgeschichte an. Von den grundlegenden Zeitaltern der Geologie bis zu den prägenden Epochen der Gegenwartsgeschichte vermittelt dieses Museum ein umfassendes naturwissenschaftliches, historisches und gesellschaftspolitisches Bild zum Siebengebirge. Im Rahmen der Regionale 2010 wird das Museum inhaltlich neu aufgestellt und durch einen Neubau erweitert:

• Ein Schwerpunkt liegt in den Bild- und Literatursammlungen zur Rheinromantik; die Anzahl der illustrierten Rheinbücher als Ansichtswerke einer spezifischen Flusslandschaft ist in Deutschland einzigartig. Das Landschaftserlebnis des 19. Jahrhunderts wird am Beispiel von Heisterbach verdeutlicht.

• Ein weiterer ist die Geschichte des Rheintourismus; zwischen Reiseausstattung und Spielautomaten wird die Reisekultur des 19. Jahrhunderts mit ihren charakteristischen, aber auch skurrilen Erscheinungen vorgestellt.

• Als drittes Schwerpunktthema schließlich wird die Kultivierung und Nutzung der Landschaft dokumentiert: die Bodenschätze und ihre Verwertung, Weinbau, Schifffahrt und Flößerei, Siedlungsgeschichte, religiöses und politisches Leben.

Interessante Wechselausstellungen zeigen periodisch neue Aspekte dieses Themenspektrums auf.

Das Siebengebirgsmuseum von der Kellerstraße aus gesehen

Heinrich Heine

Die Nacht auf dem Drachenfels

Um Mitternacht war schon die Burg erstiegen,
Der Holzstoß flammte auf am Fuß der Mauern,
Und wie die Burschen lustig niederkauern,
Erscholl das Lied von Deutschlands heilgen Siegen.

Wir tranken Deutschlands Wohl aus Rheinweinkrügen,
Wir sahn den Burggeist auf dem Turme lauern,
Viel dunkle Ritterschatten uns umschauern,
Viel Nebelfraun bei uns vorüberfliegen.

Und aus den Trümmern steigt ein tiefes Ächzen,
Es klirrt und rasselt, und die Eulen krächzen;
Dazwischen heult des Nordsturms Wutgebrause.

Sieh nun, mein Freund, so eine Nacht durchwacht ich
Auf hohem Drachenfels, doch leider bracht ich
Den Schnupfen und den Husten mit nach Hause.

Während die typischen Romantiker mit ihren Werken bewusste Gegenwelten zum industriellen Zeitalters entwarfen, unterschied sich Heinrich Heine (1797–1856) von ihnen durch seine Auffassung, dass die bloße Flucht aus der Realität in eine heile Welt ohne das Aufzeigen der Wirklichkeit eine Lüge sei. Durch den Kontrast zwischen der emotionalen Übersteigerung in den ersten drei Strophen und dem nüchternen Alltagsbezug in der letzten erhält dieses Drachenfels-Gedicht von Heine eine sehr ironische Note.

⌃ Geplantes Heine-Zitat über dem Rhein (Bildmontage)

Hinter der Kreuzung mit der Grabenstraße verliert die Drachenfelsstraße ihren Charakter als Altstadtgässchen und kreuzt bald darauf die
Bahnlinie, die mit ihrer fehlenden Einbettung in das Stadtbild und
ihren langen Wartezeiten an der Schranke einen städtebaulichen Bruch
zwischen Altstadt und Oberstadt bildet. Hier soll in Zukunft eine Fuß-
gängerunterführung Abhilfe schaffen. Wenn Sie die Bahngleise pas-
siert haben, führt Sie eine Rechtskehre zu der 2005 vollendeten
Talstation der Zahnradbahn. Sie liegt unter der B 42 – einer Schnellstraße durchs Rheintal, deren wuchtige Existenz das Stadtbild von Königswinter stark beeinträchtigt. Immerhin bieten die unter der B 42
befindlichen Stellflächen im Sommer schattige Parkplätze. Dieser Bereich soll städtebaulich weiterentwickelt werden.

In diesem Zusammenhang kam unter anderem die Idee auf, die Namen
der Romantiker (s. S. 26) in großen Lettern an die Brückenpfeiler zu
setzen – kein schlechter Einfall, denn das wäre eine Fortsetzung der
Heine'schen Ironie mit den Mitteln der Gegenwart. Ist doch die
Schnellstraße mit ihrem alles erschlagenden Erscheinungsbild und den
Abgas- und Lärmemissionen schließlich das in Beton gegossene Ge-
genteil des Respekts und der Verehrung, die die Romantiker der Rhein-
landschaft entgegenbrachten (s. S. 30).

Daneben nimmt sich die sehr viel bescheidenere Zahnradbahn zum Drachenfelsgipfel wie ein Spielzeug aus (s. Bilder S. 40 f.). 1883 in Betrieb genommen, brachten bis 1955 Dampfloks Gäste auf den Gipfel.
Nach mehrfachen Modernisierungen wurde die Talstation letztlich 2005
zu einem touristischen Anlaufpunkt umgebaut. Bei diesem Projekt wird
das integrative Gesamtkonzept spürbar, mit dem die Stadt Königswinter
ihre Sanierung angeht. Der Eingang bildet einen zentralen Ort sämtli-
cher Verkehrsmöglichkeiten zum Erreichen der städtischen Attraktionen:

Talstation der Zahnradbahn unter der B 42: zentrale Anlaufstelle für alle touristischen Anliegen

Die Rheinromantik

In der Epoche der Romantik vom Ende des 18. bis weit ins 19. Jahrhundert entwickelte sich in den Ton-, Text- und bildenden Künsten eine gefühlsgeladene Gegenwelt zum nüchternen Nützlichkeitsdenken und rücksichtslosen Gewinnstreben des beginnenden industriellen Zeitalters.

Typisch für diese Epoche war es, Landschaften emotional überhöht darzustellen. Eins der dafür beliebtesten Gebiete war – neben den Alpentälern – der Mittelrhein. Noch heute reduziert sich der große deutsche Fluss für viele Gäste aus Übersee auf die Strecke zwischen Bingen und Bonn. Für ausländische Touristen ist dieser Bereich der Inbegriff des deutschen, des „romantischen" Rheins. Der Dichter und Philosoph Friedrich Schlegel schrieb 1802 über diesen Flussabschnitt:

„Von da […] wird das Tal immer enger, die Felsen schroffer und die Gegend wilder; und hier ist der Rhein am schönsten. Überall belebt durch die geschäftigen Ufer, immer neu durch die Windungen des Stroms, und bedeutend verziert durch die kühnen, am Abhange hervorragenden Bruchstücke alter Burgen, scheint diese Gegend mehr ein in sich geschlossenes Gemälde und überlegtes Kunstwerk eines bildenden Geistes zu sein, als einer Hervorbringung des Zufalls zu gleichen."

Auch Clemens Brentano unternahm im selben Jahr zusammen mit Achim von Arnim eine Rheinreise von Mainz nach Koblenz. Die beiden waren von der Landschaft mit ihren mittelalterlichen Städten und Burgen derart begeistert, dass sie mit ihrer Idee, Volkslieder, Sagen und Märchen zu sammeln, zu den Begründern der Rheinromantik wurden. Von diesem Geist inspiriert, besuchten viele Dichter, Maler und Musiker den Mittelrhein und schufen bedeutende Werke, wobei sich die Engländer besonders hervortaten. Eines der bekanntesten Epen ist „Childe Harold's Pilgrimage" von Lord Byron.

⌃ *Vedute aus dem Jahr 1831: das Siebengebirge vom Alten Zoll aus (B. H. Hundeshagen)*

In der bildenden Kunst weckte beispielsweise William Turner durch seine Rheindarstellungen auf der großen britischen Insel das Interesse für den Mittelrhein. In der Folge entwickelte sich das Rheintal von einem Durchgangsgebiet auf der klassischen Bildungsreise nach Italien zu einem eigenen Reiseziel und wurde zum touristischen „Muss".

Interessanterweise wurde das populäre Bild vom romantischen Rhein in der ersten Hälfte des 19. Jahrhunderts nicht von der Malerei, sondern fast ausschließlich von der Druckgrafik geprägt. Aquatinten, Lithografien und Stiche illustrierten Reisebeschreibungen oder wurden als Ansichtenfolgen herausgegeben. Beliebt waren „Veduten", realitätsnahe Darstellungen von Landschaften und Stadtszenen (italienisch *veduta*: Ansicht). Im Siebengebirge entstanden in der Romantik zum Beispiel zahlreiche Darstellungen der Heisterbacher Chorruine und der Drachenfelsruine, die Sie im Siebengebirgsmuseum in Königswinter sehen können.

Die Musik der Romantik entwickelte eine nach innen gewendete Poetisierung und erreichte ihre Vollendung mit Robert Schumann. Richard Wagners ideelle Konzeption des Musikdramas als alle Künste übergreifendes Werk („Gesamtkunstwerk") geht auf Ideen der deutschen Romantiker zurück.

In der romantischen Periode bauten Fürsten und reiche Privatleute alte Burgen wieder auf. Als herausragendstes Werk der Rheinromantik gilt das vom preußischen König Friedrich Wilhelm IV. errichtete Schloss Stolzenfels bei Koblenz. Selbst Profanbauten wie Tunnelzugänge erhielten im Zuge der Romantik neugotische oder neuromanische Ausrichtungen. In den Jahren 1882 bis 1884 ließ der gebürtige Bonner Stephan Baron von Sarter, als Finanzier zu Reichtum und Adelstitel gelangt, auf halber Höhe am Drachenfels die schlösschenartige Villa „Drachenburg" errichten (s. S. 38).

Vedute aus dem Jahr 1864: Königswinter (A. Karstein)

Pferdekutsche, Zahnradbahn und Eselstation laden zum Drachenfels-Aufstieg ein, zudem lässt sich mit dem Lokomobil bequem die Altstadt erreichen. Doch nicht nur der Vorplatz bildet eine attraktive funktionale Einheit, sondern auch im Inneren finden Sie Tourist-Information, Bistro und interessante Ausstellungsbereiche.

Sie können sich aber trotz des reichhaltigen Verkehrsangebots auch für eine Fußwanderung entlang der Drachenfelsstraße bis zum Gipfel dieses Bergs entscheiden. Ganz schnell sind dabei alle Gefühle von Enge vergessen, denn bald erhebt sich die Drachenfelsstraße über das Rheintal. Die ersten Fernblicke lassen erahnen, wie grandios die Aussicht vom Gipfel sein muss.

Der Aufstieg zum Drachenfels ist aber auch ein Spaziergang durch die Tourismusgeschichte. Der Mischung aus den Klischees der Rheinromantik, den Skurrilitäten des Kegelklub-Tourismus und der Faszination des aktuellen Umbaus sollten Sie mit einer Portion Humor begegnen. So gibt es am Straßenrand zum Beispiel Buden mit historischen Automaten, die im digitalen Zeitalter sowohl aufgrund ihrer abwegigen Ideen, was Touristen bei einem Spaziergang auf den Drachenfels attraktiv finden könnten („Pariser Frauen"), als auch wegen ihrer altertümlichen Mechanik eine kultige Lachnummer darstellen.

Ein wenig befremdlich wirkt zunächst die Nibelungenhalle, ein Kuppelbau in der Architektur des späten Jugendstils, der als Gemäldemuseum und Ehrenbau 1913 zum einhundertsten Geburtstag Richard Wagners errichtet wurde. Die Halle enthält zwölf Gemälde von Hermann Hendrich (1854–1931) zum bekanntesten Werk von Wagner, dem Opernzyklus „Der Ring des Nibelungen", und ist mit Symbolen nordischer und altindischer Mythen ausgestattet. Die Nibelungenhalle ist ein historisch interessantes Bauwerk, dessen Thematik vom Natio-

Kultige Lachnummer: historische Automatensammlung für Touristen

nalsozialismus vereinnahmt wurde, denn diese spiegelt den geistigen „Dunstkreis" wider, aus dem sich später auch die nationalsozialistischen Theorien und Symbole entwickelten.

Neben Figuren aus dem Opernwerk Wagners zeigt der Bau beispielsweise das altindische Sonnenrad (die Swastika), von dem der Nationalsozialismus das Hakenkreuz ableitete.

Die Bohème um 1913 mit ihren Themen aus der nordischen Götterwelt war jedoch noch weit davon entfernt, den gesellschaftlich damals durchaus auch in ihren Kreisen vorhandenen Antisemitismus und Rassismus politisch in Massenmorde und Angriffskriege umzusetzen – wodurch sie sich von dem späteren Nationalsozialismus unterschied. Daher sollte man die Nibelungenhalle nicht unmittelbar mit den Verbrechen der NS-Zeit in ursächlichen Bezug setzen, sondern sie als eines der wenigen historischen und seit 1987 denkmalgeschützten Zeugnisse der geistigen Vorgeschichte dieser Ideologie zur Kenntnis nehmen. Denn trotz einer gewissen thematischen Verwandtschaft waren die späteren Verbrechen des Nationalsozialismus für die Bildungselite des beginnenden 20. Jahrhunderts zu diesem Zeitpunkt nicht absehbar. Dies gilt auch für Wagner selbst, der 1883, also sechs Jahre vor Hitlers Geburt, starb und somit die spätere Vereinnahmung seiner Werke durch den Nationalsozialismus nicht verhindern konnte. Eine wissenschaftlich fundierte Darstellung für die Öffentlichkeit zum Thema „Nähe und Abgrenzung zum Nationalsozialismus" dieses privat geführten Gebäudes fehlt jedoch; möglicherweise liegen die dafür erforderlichen historischen Forschungen nicht vor.

Die Nibelungenhalle schlägt thematisch die Brücke zur mittelalterlichen Sagenwelt, deren Figuren in Wagners vierteiligem Opernwerk „Der Ring des Nibelungen" inhaltlich neu zusammengefügt werden. Als Zeitge-

Die Nibelungenhalle, ein denkmalgeschützter Kuppelbau im späten Jugendstil

Die Geschichte des Reisens im Rheintal

Das Mittelrheintal wurde zur Zeit der Romantik im 19. Jahrhundert zu einer Pionierlandschaft des europäischen Tourismus. Neben lyrischen und poetischen Texten kamen bereits Ende des 18. Jahrhunderts Reiseführer auf, die sich nicht mehr nur an ein gelehrtes Publikum richteten, sondern für alle Bevölkerungsschichten geschrieben worden waren. Einer der frühesten Reiseführer zum Rheintal wurde von dem katholischen Geistlichen Gregor Lang (1789) verfasst. Wenige Jahre später erschienen auch in französischer und englischer Sprache die ersten Reiseführer zu dieser Region, die damit auch im Ausland ein lebhaftes Interesse am Rheintal förderten.

In der ersten Hälfte des 19. Jahrhunderts entwickelte sich die Rheinromantik zum Allgemeingut. Gedichte, Romane, Legenden und Sagen enthielten emotional aufgeladene Landschaftsdarstellungen. Mit Druckgrafiken und Panoramen holte man sich die ersehnten Reiseziele nach Hause (s. Bilder S. 26 f.).

In der zweiten Hälfte des 19. Jahrhunderts wurde das Reisen durch die technische Weiterentwicklung des Dampfantriebs gefördert. Schon 1816 fuhren erste englische Ausflugsdampfer auf dem Rhein. Mitte des 19. Jahrhunderts wurden bereits mehr als eine Million Reisende auf den Rheinschiffen gezählt. Mit der Eisenbahn erhöhte sich zwischen 1844 und 1856 die Zahl der Reisenden im Mittelrheintal weiter. Neue Hotels wuchsen an Schiffsanlegestellen und Bahnhöfen empor. Das Rheinreisen wurde zu einem der frühesten Beispiele des Massentourismus. Mit seinem Erfolg aber ruinierte der Rheintourismus sich auch gleichzeitig selbst.

Bemerkenswert ist der Wandel in der Motivation der Rheinreisenden im 20. Jahrhundert. Während die Reisenden des 19. Jahrhunderts die Rheinromantik durch ihre Werke in kreativen Prozessen erschufen, be-

gaben sich die Reisenden des 20. Jahrhunderts nur noch als Konsumenten auf die Suche nach ihr.

Das Erscheinungsbild des Rheintourismus hat sich vor allem in der zweiten Hälfte des 20. Jahrhunderts den globalen Ansprüchen angepasst. Unter dem Zwang steigender Statistiken wurden neue Attraktionen erfunden, wie Wein- und Schützenfeste oder Großereignisse wie „Rhein in Flammen". Dadurch verlor die Rheinromantik einen weiteren Teil ihres Wesens und wandelte sich zunehmend zum allgemeinen Spektakel. Der „Kegelklub-Tourismus" der 1960er und -70er Jahre entstand.

Geschichtsvergessen wurden lärm- und abgasemittierende Verkehrsschneisen durch das Rheintal geschlagen und typische Landschaftsbilder der Rheinromantik durch Bauprojekte zerstört. Beispielhaft für das Siebengebirge sei die Drachenfelsruine genannt, deren landschaftsprägende Silhouette in den 1970er Jahren durch den Bau eines den Gipfel dominierenden Restaurants vernichtet wurde. Die Rheinromantik geriet hier endgültig zum Klischee der Vergangenheit.

Folge derartiger Entwicklungen waren sinkende Besucherzahlen. Es gehört zu den Kennzeichen des 21. Jahrhunderts, unter hohem finanziellen Aufwand die Reste bedrohter oder nahezu untergegangener landschaftlicher Schätze sicherzustellen. Zu diesen Kleinoden zählt auch die romantische Kulturlandschaft am Mittelrhein. Die Festlegung des oberen Mittelrheintals als UNESCO-Welterbe im Jahr 2002 ist ein Rettungsversuch, der jedoch vom gleichzeitigen Ausbau der Verkehrswege konterkariert wird. Das Regionale-Projekt im Bereich von Königswinter mit den Plänen zum Rückbau beispielsweise des Drachenfelsrestaurants bildet einen weiteren Schritt, den Anschluss an die Geschichte wiederzufinden und die fortgesetzte Landschafts- und Selbstzerstörung dieses Gebiets anzuhalten (s. S. 39).

⌃ *Kennzeichen des Massentourismus: Orte globaler Beliebigkeit wie Souvenirläden ohne Regionalcharakter*

nosse der Romantik komponierte Wagner ein Musikdrama mit Figuren aus der nordischen Götter- und der germanischen Sagenwelt, inszeniert vor den typischen Bühnenbildern der Romantik. Die komplexen Handlungsstränge um Macht, Gold und Liebe sind keinesfalls identisch mit denen der mittelalterlichen Heldenepen in der Seyfridsage oder im Nibelungenlied, sondern überschneiden sich lediglich in einigen Figuren (s. S. 34). Dazu zählt der Held Siegfried oder Seyfrid, der in allen drei Erzählungen einen Drachen tötet. Der Drache trägt den Namen Fafner – dieser ist als Skulptur dargestellt in der 1933 anlässlich des fünfzigsten Todestages von Wagner ergänzten „Drachenhöhle" an der Nibelungenhalle (s. Bild S. 37). Ebenfalls Bezug auf das Thema „Drachen" nimmt der sich an die „Drachenhöhle" anschließende Reptilienzoo, der mit Schlangen und Echsen aus verschiedenen Erdteilen aufwartet.

Obwohl seit dem Mittelalter auf dem Drachenfels Drachensagen verortet werden, leitet sich die Bezeichnung des Bergs nicht von ihnen, sondern aus dem Namen des Gesteins „Trachyt" ab.

Wenn Sie der Drachenfelsstraße weiter bergan folgen, kommen Sie in der Nähe der Mittelstation der Zahnradbahn zu der Gründerzeit-Villa

„Schloss Drachenburg", deren Besuch Sie keinesfalls verpassen sollten. Die „Vorburg" beherbergt ein Museum zur Geschichte des Naturschutzes, das Hauptgebäude soll in Zukunft als Sitz der Nordrhein-Westfalen-Stiftung dienen und zeigt derzeit eine Ausstellung zur wechselreichen Nutzungsgeschichte dieses Baus. Eine Prä-

Der Innenraum der Nibelungenhalle mit Gemälden zu Wagners „Ring des Nibelungen" an den Wänden und mit dem Bodenmosaik der nordischen Midgard-Schlange

sentation in der „Wagenhalle" gewährt einen Einblick in die Restaurierungsarbeiten. Die historischen Innenräume können innerhalb von öffentlichen Führungen besichtigt werden (s. S. 38).

Mit dem Plateau des Gipfelrestaurants schließlich haben Sie nicht nur den Höhepunkt der Anstrengung erreicht, sondern auch des Landschaftserlebnisses: die sagenhafte Aussicht über Rheintal und Siebengebirge. Es lohnt sich, vom Plateau des Restaurants die Drachenfelsruine zu erkunden.

Ihr Grundstein wurde 1140 vom Kölner Erzbischof Arnold I. gelegt; sie diente bis zur Errichtung der Stadtmauer Mitte des 13. Jahrhunderts dem Schutz Bonns. Der Trachyt des Drachenfelsens wurde für den Bau des Kölner Doms verwendet, von der Grundsteinlegung am 15. August 1248 an bis zum Ende der mittelalterlichen Bautätigkeit im Jahre 1560, und die Burggrafen des Drachenfelsens wurden durch den Verkauf des Baumaterials wohlhabend. 1638 wurde die Burg von protestantischen schwedischen Truppen eingenommen, und die Außenwerke wurden geschliffen. Danach wurde die Ruine nie wieder aufgebaut, der Bergbau ging jedoch bis 1807 weiter. 1836 wurde die Kuppe zur Rettung der Ruine von der preußischen Regierung gekauft und ist heute im Besitz des Landes NRW. Am 18. Oktober 1819, in der Zeit der Romantik, zogen Bonner Studenten auf den Drachenfels, um den Jahrestag der Völkerschlacht bei Leipzig zu feiern. Unter ihnen war auch Heinrich Heine, der dieses Ereignis später in seinem Gedicht „Die Nacht auf dem Drachenfels" (s. S. 24) festhielt.

Als Rückweg können Sie für Ihren Abstieg die alternative Strecke über den Burghof und durch das Nachtigallental wählen, Sie können aber auch über Rhöndorf (mit Besuch des dortigen Adenauer-Grabs und -Museums) wandern und mit öffentlichen Verkehrsmitteln zurückkehren.

Grandioser Ausblick von der Drachenfelsruine auf dem Gipfel

Das Nibelungenlied

Die Überlieferung

Das Nibelungenlied ist ein Heldenepos bestehend aus etwa 2.370 vierzeiligen Strophen, die in neununddreißig „Aventüren" (Erzähleinheiten) zusammengefasst sind. Dem Heldenepos folgt eine Art Anhang, die „Klage", in der das Geschehene rekapituliert und die Entstehungsgeschichte kommentiert wird.

Uns ist in alten mæren wunders vil geseit
>   *Uns wird in alten Erzählungen viel Wunderbares berichtet,*
von helden lobebæren, von grôzer arebeit,
>   *von rühmenswerten Helden, großer Kampfesmühe,*
von freuden, hôchgezîten, von weinen und von klagen,
>   *von Freuden, Festen, von Weinen und von Klagen,*
von küener recken strîten muget ir nû wunder hœren sagen.
>   *von den Kämpfen kühner Helden sollt ihr nun Wunderbares hören.*
>   *(Erste Strophe des Nibelungenlieds)*

Die Niederschrift erfolgte zu Beginn des 13. Jahrhunderts in der damaligen Volkssprache des Mittelhochdeutschen. Der Text ist in etwa fünfunddreißig unterschiedlichen deutschen Handschriften sowie in einer niederländischen Umarbeitung erhalten. Die drei ältesten vollständigen Texte werden als Handschrift „A", „B" und „C" bezeichnet. Der Kern des Nibelungenlieds wurde bis zu seiner Niederschrift über siebenhundert Jahre lang durch Epensänger mündlich tradiert. Dabei entstanden unzählige Varianten der Geschichte: So wurden unter anderem verschiedene Sagenkreise aneinandergeknüpft oder Figuren wechselten ihre Rollen.

Die historischen Ursprünge reichen bis in das heroische Zeitalter der germanischen Völkerwanderung zurück. Ein identifizierbarer Themenkern

ist die Zerschlagung des Burgunderreichs im Raum Worms um 436 durch den römischen Heermeister Aëtius mit Unterstützung hunnischer Hilfstruppen, und vermutlich sind die Hochzeit zwischen Attila und der germanischen Fürstentochter Ildikó (453) sowie der Streit im Hause der Merowinger zwischen Brunichild und Fredegunde ebenfalls historische, wahre Quellen.

Der Inhalt
Der Inhalt des Nibelungenlieds verteilt sich auf zwei Abschnitte. In den Aventüren 1 bis 19 wird vom Schicksal des Königssohns Siegfried am Wormser Hof der Burgunderkönige Gunther, Gernot und Giselher berichtet. Siegfried vollbringt zahlreiche Heldentaten, darunter den Sieg über den Drachen, wodurch er Unverwundbarkeit erlangt und den von dem Drachen bewachten Nibelungenschatz an sich nimmt.

Er verschafft Gunther die schöne und starke Königin Brunhild von Island als Gemahlin, die durch einen Zauber übermenschliche Kräfte besitzt. Er bekämpft und besiegt sie in einem Dreierkampf als Unsichtbarer unter einem Tarnmantel, zusammen mit dem sichtbaren Gunther. Zum Lohn darf Siegfried dann Kriemhild, die Schwester der drei Könige, heiraten.
Als die starke Brunhild sich aufgrund des an ihre Jungfernschaft gebundenen Zaubers ihrem Gatten Gunther in der Hochzeitsnacht verweigert und ihn peinlicherweise an einen Nagel hängt, übernimmt Siegfried im Tarnmantel ihre Defloration, sodass ihr Zauber verloren geht. Die patriarchale Weltordnung ist wieder hergestellt.
Da Siegfried sich als Gunthers Vasall ausgegeben hatte, Brunhild also hinsichtlich seiner königlichen Abstammung falsch informiert worden war, kritisiert sie die Heirat mit Kriemhild und stellt deren Status infrage.

Die Vorburg von Schloss Drachenburg beherbergt das Museum zur Geschichte des Naturschutzes.

Bei einem Besuch des Doms streiten die beiden Königinnen darüber, welche von ihnen das Gebäude zuerst betreten darf. Kriemhild, der Siegfried die Ereignisse in Brunhilds Brautgemach berichtet hatte, konfrontiert daraufhin Brunhild mit der Enthüllung, dass diese von Siegfried defloriert wurde. Als Beweis kann sie Brunhilds Ring und Gürtel vorlegen, die Siegfried in der Nacht an sich genommen hatte.

Da das Ansehen des Herrscherpaars nun ernsthaft gefährdet ist, wird auf den Rat des politisch erfahrenen Hagens hin Siegfrieds Tod beschlossen. Hagen stößt seinen Speer durch die einzige Stelle zwischen dessen Schulterblättern, an der Siegfried nach einem Bad im Drachenblut noch verwundbar ist.

Die Aventüren 20 bis 39 berichten von Kriemhilds Rache an Hagen und ihrem Bruder Gunther für die Ermordung ihres Gatten. Um ihre Versorgung sicherzustellen, nimmt sie den Hunnenkönig Etzel (Attila) zum Mann und lädt dann ihre burgundischen Verwandten zu sich ein. Trotz der Warnungen Hagens leistet man der Einladung Folge. Kurz nach der Ankunft geraten die Burgunder in Gefechte mit den Hunnen, die durch Provokation und Gegenprovokation eskalieren. Etzel versucht vergebens zu schlichten; nach einer gewaltigen Schlacht bleiben auf burgundischer Seite nur Hagen und Gunther übrig. Gefesselt führt Dietrich von Bern sie Kriemhild vor.

Sie befragt Hagen, wohin er den Nibelungenschatz verbracht habe, ihre Mitgift von Siegfried, den Hagen ihr nach dem Mord an Siegfried

Historisches Plakat in der Talstation der Zahnradbahn mit Siegfried-Darstellung

geraubt und im Rhein versenkt hatte, um ihr die wirtschaftlichen Grundlagen für einen Racheakt zu nehmen.

Hagen erwirkt nun zunächst Gunthers und dann seine eigene Tötung durch Kriemhild, um das Geheimnis des Verstecks mit ins Grab zu nehmen.

Der Patriarch Etzel erträgt Frauen nicht, die die Waffen in gleicher Weise schwingen wie Männer und beginnt nun plötzlich, Hagens Tod zu beklagen. Und weil „zwei so tapfere Helden von Frauenhand gestorben sind", erschlägt Hildebrand, Dietrichs alter Waffenmeister, seinerseits nun Kriemhild mit dem Schwert.

∧ *Der schlafende Drache Fafner in der 1933 gebauten „Drachenhöhle" der Nibelungenhalle*

Schloss Drachenburg

Der Industrielle Stefan Sarter, später geadelt als Baron Stephan von Sarter, legte 1882 den Grundstein zu dieser Mischung aus Villa, Burg und Schloss. Die historistische (historische Vorbilder imitierende) Architektur der Gründerzeit und die prachtvolle Innenausstattung sind typisch für die Romantik und fanden schon unter Zeitgenossen viele Bewunderer – aber auch Spötter: „Rheinisches Neuschwanstein" oder „Walhalla der Rheinlande" wurde das Bauwerk genannt. Sarter bewohnte sein prachtvolles Haus jedoch nie. Seine Wahlheimat war Paris, wo der Junggeselle 1902 verstarb, ohne seinen Nachlass geregelt zu haben.

Über mehrere Besitzerwechsel wurde die Villa Sommerfrische, Jungeninternat und 1942 Adolf-Hitler-Schule. Ihre größten Zerstörungen erlitt sie im Zweiten Weltkrieg. Notdürftig instand gesetzt, wurde sie von 1947 bis 1960 von der Reichsbahndirektion als Schulungszentrum gemietet, danach war sie zehn Jahre lang dem Verfall preisgegeben. Als 1971 der Abriss bereits beschlossen war, kaufte der Privatier Paul Spinat das Anwesen und ließ es renovieren.

1986 wurde Schloss Drachenburg unter Denkmalschutz gestellt. Die dringend erforderlichen Schritte zu einer umfassenden Restaurierung leitete nach dem Tod Spinats 1989 die Nordrhein-Westfalen-Stiftung ein.

Zwischen 1995 und 2010 ließ die NRW-Stiftung in enger Kooperation mit der Stadt Königswinter das Ensemble Schloss Drachenburg aufwendig restaurieren. Diese Villa ist ein Muss für jeden, der auf den Spuren der Rheinromantik wandelt.

Schloss Drachenburg vom Venusgarten aus

Regionale 2010
Königswinter–Drachenfels

Königswinter und der Drachenfels sind ein Zentrum für Maßnahmen der Regionale 2010, die an die Geschichte des Siebengebirges, vor allem die der Rheinromantik wieder anknüpfen und in diesem Sinne die vorhandene Kulturlandschaft als eine harmonisch wirkende Einheit zwischen Mensch und Natur erlebbar machen. Königswinter will sich in seiner Rolle als „Tor zum Siebengebirge" erneuern, eine Entwicklung, die weit über 2010 hinaus angelegt ist.

Als zentrale touristische Achsen werden die Drachenfelsstraße von der Rheinpromenade zum Drachenfels und die Bahnhofstraße von der Rheinpromenade zum Nachtigallental aufgewertet.

Einzelne Projekte an diesen Strecken sind bereits abgeschlossen, wie die Talstation der Zahnradbahn und die Sanierung der Drachenfelsruine; auch die Restaurierung von Schloss Drachenburg als besonderem kulturellen Höhepunkt nähert sich ihrer Fertigstellung. In diesem Zusammenhang soll mit dem Umbau der Mittelstation der Zahnradbahn die historische Eingangssituation zum Schloss wieder hergestellt werden.

Die Zukunft hält weitere entscheidende Änderungen vor: Die Neugestaltung des Drachenfelsplateaus mit Aussichtsterrasse und Gastronomie. Auch die Nibelungenhalle soll eine Aufwertung erfahren.

Die öffentlichen Räume um den Bahnhof und um das Rathaus werden zu attraktiven Aufenthaltsorten für Bürger und Gäste entwickelt und die Barrierewirkung der Bahnstrecke minimiert.

Die geplante Gastronomie mit Aussichtsterrasse auf dem Drachenfelsplateau (Bildmontage)

TOURISMUSINFORMATION
Tourismus Siebengebirge
(in der Talstation der Zahnradbahn)
Drachenfelsstr. 51
53639 Königswinter
Tel. 02223 / 91 77 11
www.siebengebirge.com

Für Ihren Stadtbummel in **Königswinter**
sollten Sie das gelbe Heft des Naturparks
Siebengebirge „Stadtrundgänge" mitneh-
men (erhältlich in der Talstation)

Informationen zum Projekt **Gesamtper-**
spektive Königswinter-Drachenfels der
Regionale 2010 liefert Ihnen zudem:
www.regionale2010.de
www.koenigswinter2010.de

Fahrpläne der **Drachenfelsbahn** erhalten
Sie unter:
www.drachenfelsbahn-koenigswinter.de

Für eine **Schiffstour** finden Sie hier eine
Auswahl an Beförderungsunternehmen:
www.bonn-region.de –> Infos –> Anreise
–> Rheinschifffahrt

Informationen zur **Landschaft** finden Sie
unter:
www.naturpark-siebengebirge.de
www.gehdochmal.de

Sie können das **1Berg-1Preis-Ticket** erwer-
ben (€ 14,00, ermäßigt € 7,00). Es ist in der
Tourist-Information erhältlich und beinhaltet
die Berg- und Talfahrt mit der Drachenfels-
bahn, die Eintritte in Schloss Drachenburg
(Park, Schlossmuseum, Wagenhalle und
Nordturm, ohne Führung/Innenräume), das
Museum für Naturschutzgeschichte (ohne
Führung) und die Nibelungenhalle

Ehemalige Dampflok der Drachenfelsbahn

HEREINGESCHAUT!
Nibelungenhalle
Drachenfelsstr. 107
53639 Königswinter
Tel. 02223 / 241 50
www.nibelungenhalle.de
15. März – 1. Nov. täglich 10–18 Uhr,
2. Nov. – 14. März Sa, So, feiertags sowie
Weihnachtsferien 11–16 Uhr
Eintritt: Erw. € 5,00, Kinder € 3,00,
erm. € 4,00, Familien € 44,00

Schloss Drachenburg
Drachenfelsstr. 118
53639 Königswinter
Tel. 02223 / 901 97-0
www.schloss-drachenburg.de
Di–So, feiertags 10–18 Uhr, Oster-, Sommer-
und Herbstferien auch Mo, Winterpause
bitte erfragen
Eintritt: Erw. € 5,00, Kinder € 3,00,
erm. € 3,00, Familien € 14,00
Schlossbesichtigung (private Innenräume):
€ 3,00 zzgl. Eintritt pro Person
Zur Geschichte des Naturschutzes in der
Vorburg:
www.nrw-stiftung.de –> Kaleidoskop –>
Reportagen & Berichte –> Die Geschichte
des Naturschutzes in Deutschland

SEA LIFE Deutschland
Niederlassung Königswinter
Rheinallee 8
53639 Königswinter
Tel. 0180 / 566 69 01 01
oder 02223 / 297-0
www.sealifeeurope.com
Täglich 10–18 Uhr, im Winter 10–17 Uhr
Eintritt: Erw. 14,50 (ab 15 Jahren),
Kinder € 9,95 (3–14 Jahre), erm. € 13,50,
Kinder unter 3 Jahren und Geburtstags-
kinder unter Vorlage des Ausweises frei

Siebengebirgsmuseum
Kellerstr. 16
53639 Königswinter
Tel. 02223 / 37 03
www.siebengebirgsmuseum.de
Das Museum ist im Zuge der Erweiterung
und Neugestaltung vorraussichtlich von
Januar 2010 bis Mitte 2011 geschlossen

Stiftung Bundeskanzler-Adenauer-Haus
Konrad-Adenauer-Str. 8c
53604 Bad Honnef
Tel. 02224 / 92 12 34
Di–So 10–16.30 Uhr,
Juli–Sept. Di–So 10–18 Uhr
Eintritt: frei

Auch die heutige Zahnradbahn fährt mit historischen Wagen.

Erlebnisraum Heisterbach

Heisterbach ist ein ehemaliges Kloster im Siebengebirge, das im Laufe der Geschichte nicht nur das geistliche Leben, sondern durch sein Wirtschaften auch die umgebende Kulturlandschaft geprägt hat. Sehenswert sind der historische Teil der Klosteranlage sowie die vielfältigen geschichtlichen Spuren, die in der Landschaft dokumentiert sind.

Was können Sie hier tun und erleben?

Sie können sich das Kloster und diese „sakrale Kulturlandschaft" über Wanderungen verschiedener Länge erschließen. Varianten zwischen einer einfachen Besichtigung des unmittelbaren Klostergeländes bis hin zu mehrstündigen oder ganztägigen Wanderungen sind möglich. Auch ein ganzes Wanderwochenende ist lohnenswert und lässt sich problemlos mit diesem Thema ausfüllen.

Das Kloster Heisterbach selbst bietet Wanderern eine Möglichkeit zur Einkehr, zudem finden sich auch unterwegs mehrere Gelegenheiten. Unterkünfte sind in den umliegenden Ortschaften wie Oberdollendorf oder Königswinter in großer Auswahl vorhanden.

Anfahrtspunkt:

Kloster Heisterbach, Heisterbacher Straße, 53639 Oberdollendorf (Königswinter).

Von Oberdollendorf aus fahren Sie die Heisterbacher Straße entlang in Richtung Heisterbacherrott, über das Ortsende hinaus und noch etwa einen Kilometer weiter; das Kloster liegt rechtsseitig der L 268.

Parkmöglichkeiten:

Stellplätze stehen auf einem gesonderten Parkplatz direkt am Kloster zur Verfügung.

Anreise mit ÖPNV:

Aus Richtung Bonn oder Bad Honnef können Sie mit der Bahn oder S-Bahn nach Oberdollendorf fahren, von dort weiter mit den Buslinien 521/520 zum Kloster Heisterbach; oder von Oberdollendorf aus Quereinstieg in die Wanderungen Nummer III (s. S. 58 ff.) und Nummer V (s. S. 76 ff.).

Delfinskulptur aus dem ehemaligen klösterlichen Barockgarten

Die sakrale Kulturlandschaft Heisterbach

Das Kloster Heisterbach ist nicht nur ein historischer Ort christlicher Religiosität, sondern steht zudem als ehemaliger Zisterzienserkonvent und späterer Landschaftspark in einer über achthundert Jahre alten Tradition der Gestaltung von Kulturlandschaft durch den Menschen. Sie können auf dem Klostergelände selbst sowie in der näheren und weiteren Umgebung bis heute die Spuren traditionellen klösterlichen Wirtschaftens in der Landschaft entdecken (s. S. 46). Diese werden in naher Zukunft oder sind bereits über Projekte der Regionale 2010 wieder sichtbar und erlebbar gemacht worden.

Einen Besuch lohnt zunächst das Klostergelände innerhalb der Mauern. Hier sind zum einen noch die Gebäude sowie land- und wasserwirtschaftliche Nutzflächen der Zisterziensermönche zu entdecken, zum anderen aber auch die Überreste des Landschaftsparks, der nach der Säkularisation zu Beginn des 19. Jahrhunderts unter dem neuen weltlichen Eigentümer, Graf zur Lippe-Biesterfeld, entstand (s. S. 50).

Außerhalb der Klostermauern finden Sie in unmittelbarer Umgebung Fischteiche und Felder als Spuren des früheren Wirtschaftens, die Sie sich mit einem kleinen Spaziergang von gut zwei Kilometern erschließen können.

Mit größeren Wanderungen über den Petersberg, den Stenzelberg, nach Oberdollendorf, durch das Mühlenbachtal und über den Herrenweg nach Königswinter lässt sich das landwirtschaftliche und handwerkliche Wirken der Zisterzienser in Form von Wein- und Landgütern, Mühlen, Steinbrüchen und Wegen in Raum und Zeit nachvollziehen.

Historischer Fischteich auf dem Klostergelände

Skulptur des Bernhard von Clairvaux am Eingangsportal

Der Zisterzienserorden

Der Zisterzienserorden gründete sich 1098 im französischen Cîteaux als Reaktion auf das nicht weit entfernt gelegene Benediktinerkloster Cluny, das zu großem Wohlstand, ausgedehnter Macht und monastischer Pracht gelangt war. Gründer des Ordens war Robert von Molesme, geprägt aber wurde dieser stärker von dessen Nachfolger, Bernhard von Clairvaux. Das Ziel der Zisterzienser war es, sich auf die ursprüngliche Forderung der Regel des Benedikt von Nursia zurückzubesinnen, in Bescheidenheit nur von der eigenen Hände Arbeit und nicht von den Abgaben abhängiger Bauern zu leben.

Das hohe Ideal wurde aber nicht – wie man vielleicht in unserer aufgeklärten Zeit erwarten würde – nach dem Gleichheitsgrundsatz aller Menschen umgesetzt, sondern war ein Spiegelbild der gesellschaftlichen Strukturen des Mittelalters, nur diesmal innerhalb des Klosters: Es gab zwei Klassen von Brüdern, die Chorbrüder und die Laienbrüder oder Konversen.

Die Chorbrüder entstammten in aller Regel dem Adel, und aus ihrer Gruppe rekrutierten sich die Entscheidungsträger. Deren Aufgabe war die geistliche Arbeit, allem voran das täglich siebenmal stattfindende Stundengebet. Die Priester unter ihnen verrichteten zudem die Mess- und Beichtdienste. Die Chorbrüder übten auch schriftstellerische Tätigkeiten und das Kopieren von Büchern aus. Einige Klöster, wie beispielsweise die Abtei Himmerod in der Eifel, verfügten gegen Ende des Mittelalters über große und wertvolle Bibliotheken. Der organisierte Tagesablauf ließ den Chorbrüdern tatsächlich nur wenig Zeit für handwerkliche Arbeit.

⋀ *Skulptur des Benedikt von Nursia am Eingangsportal*

Für die Laienbrüder waren die Gebetsverpflichtungen hingegen stark reduziert, und deren Haupttätigkeit bestand in Landbewirtschaftung und Handwerk. Die Laienbrüder entstammten meist niederen Gesellschaftsschichten und konnten innerhalb der Gemeinschaft nicht zu Chormönchen aufsteigen. Sie lebten in einem eigenen Flügel, manchmal auch außerhalb des Klosters auf weiter entfernten Wirtschaftshöfen; an den Gottesdiensten in der Kirche nahmen sie als separate Gruppe teil.

Die Organisationsform der Zisterzienser war wirtschaftlich sehr effektiv, und ihre Klöster entwickelten sich zu Zentren der Kompetenz in Handwerk und Landwirtschaft. Die Zisterzienser legten landwirtschaftliche Musterbetriebe an, förderten Obst- und Weinbau, betrieben Pferde- und Fischzucht, führten Bergbau und Wollhandel durch und trugen nicht unwesentlich zur Blüte der hochmittelalterlichen Kultur bei.

Zisterziensermönche wurden von Landesherren bevorzugt für die Neukultivierung von Land eingesetzt, so auch in Heisterbach: Auf Ersuchen des Kölner Erzbischofs Philipp I. von Heinsberg entsandte die Zisterzienserabtei Himmerod in der Eifel im Jahr 1189 zwölf Mönche zur Gründung dieses Tochterklosters im Siebengebirge. Allerdings trafen diese hier überwiegend auf bereits gerodetes Land. Die Kultivierungsleistungen der Zisterzienser und die daraus entstandenen, oft noch bis in die Gegenwart vorhandenen Strukturen prägen die bewirtschaftete Landschaft in der näheren und weiteren Umgebung bis heute.

Zisterzienserklöster lassen sich an Standortwahl und Architektur meist gut erkennen: Sie liegen in Tälern, die durch die Auensituation fruchtbarer sind als Berggipfel. Anstelle prächtiger Kirchtürme besitzen die Kirchen der Zisterzienser stets nur bescheidene Dachreiter, wie zum Beispiel auch der Altenberger Dom im Bergischen Land **(Bergische Höhen, Bd. 3)**.

⌃ *Modell der romanischen Klosterkirche von Heisterbach im Siebengebirgsmuseum in Königswinter. Die Glocken sind in einem einfachen Dachreiter untergebracht.*

Innerhalb der Klostermauern
(Wanderung I: 0,5 – 2 Kilometer, ohne Kartendarstellung)

Wenn Sie von Norden her an das barocke Torgebäude von Kloster Heisterbach treten, werden Sie links von einer Skulptur des Benedikt von Nursia begrüßt (s. Bild S. 46), nach dessen Regel die Zisterzienser lebten. Die Skulptur rechts stellt Bernhard von Clairvaux dar (s. Bild S. 45), der gelegentlich fälschlicherweise für den Gründer des Zisterzienserordens gehalten wird. Tatsächlich jedoch trat er erst im Jahr 1113, das heißt fünfzehn Jahre nach der Gründung, im Alter von Anfang zwanzig in den Orden ein, prägte ihn dann aber maßgeblich.

Hinter dem Tor durchschreiten Sie nach Süden hin zunächst eine junge Allee aus Zwetschgen- und Walnussbäumen, die nach historischen Vorbildern erst in den letzten Jahren wieder angelegt wurde. An ihrem Ende passieren Sie rechtsseitig die historische Zehntscheune, die in neuerer Zeit für Tagungen und Veranstaltungen umgestaltet wurde. Dahinter öffnet sich nach rechts der historische Wirtschaftshof mit Einkehrmöglichkeit. Nach links lädt der Landschaftspark mit Ausgrabungen der ehemaligen Klosterkirche und ihrer von den Mönchen bewohnten Anbauten zu einem Aufenthalt und zur Besichtigung der Chorruine ein. An vielen Stellen lässt sich der Ursprung des Gesteins erkennen, aus dem einzelne Teile der Kirche gebaut worden waren: Latit vom Stenzelberg (s. Bild S. 75), Basalt vom Drachenfels oder die vulkanischen Tuffe. Am Boden sind noch Reste des ehemaligen Querschiffs und der Säulenhalle zu sehen; erst 2009 wurden die gesamten räumlichen Dimensionen der Kirche und ihrer vermuteten Anbauten ausgegraben. Auch die Konturen des historischen Landschaftsparks sind erkennbar, insbesondere erinnert ein Denkmal aus romantischer Zeit an Caesarius von Heisterbach.

⋀ *links: Die Eingangssituation in Heisterbach 1928 mit Fischteich „Trenkweyer"*
rechts: Die Eingangssituation 2007 mit Parkplatz, der 2010 zurückgebaut werden soll

Wenn Sie Ihren Weg von der Eingangsallee geradeaus weiter nach Süden fortsetzen, passieren Sie jenseits des Landschaftsparks auf der rechten Seite in einiger Entfernung den Zugang zum Seniorenheim und dann das Brauhaus aus dem Jahr 1711 (s. Bilder S. 52). Dieses besaß ein Wasserrad und eine Mahlanlage für Getreide, die vermutlich um 1820 von dem neuen, weltlichen Besitzer des Klosters, dem Grafen zur Lippe-Biesterfeld, stillgelegt wurde.

Das Wasser des Heisterbachs wurde in einen heute nicht mehr existierenden Mühlenteich im Hang und von dort auf das Wasserrad geleitet. Die Natursteinmauer, die sich am Ende des „Brauhauses" am Hang entlang fortsetzt, trug einst diese Zuleitungen zu dem Wasserrad. Wenn Sie dem Weg weiter folgen, führt Sie dieser an einer Kapelle und einem Denkmal vorbei zu drei Fischteichen, die von den Zisterziensern angelegt worden sind. Sie dienten den fleischabstinenten Mönchen für ihre Versorgung mit tierischem Eiweiß. Wo der Weg nahe an die Mauer kommt, finden Sie einen Ausgang mit der Inschrift des Mönchs von Heisterbach (s. S. 54). Im weiteren Verlauf des Rundwegs passieren Sie zudem die Familiengruft der Grafen zur Lippe-Biesterfeld.

Mit den Kirchen-, Wohn- und Wirtschaftsbauten, der Mühle, den Obstalleen und den Fischteichen innerhalb der Klostermauern haben Sie nun einen ersten Eindruck vom Leben und Wirtschaften der Zisterziensermönche gewonnen. Ein vertiefendes Bild lässt sich auf den folgenden Wanderungen erschließen.

⋀ *Innenraum der Chorruine*

Die Spitze der Kapellenkuppeln in der Chorruine ⋀
besteht aus leichtem Tuff, die Basis aus stabilem Latit.

Die Geschichte des Klosters Heisterbach

Zwölf Zisterziensermönche aus Himmerod in der Eifel zogen 1189 zunächst auf den Petersberg im Siebengebirge, wo sich eine seit 1176 verlassene Klause und Kirche von Augustiner-Chorherren befand (s. S. 68). In der Rechtsnachfolge der Augustiner übernahmen die Zisterzienser auch deren Güter.

Zwischen 1192 und 1202 erfolgten Umzug der Mönche und Bau der Klostergebäude „im Tal am Fuße des Petersbergs", wie der Standort des Konvents zunächst genannt wurde. Ab 1202 hieß das Kloster „Sankt Peterstal in Heisterbach", was mit zunehmendem Besitzerwerb einherging. Das Wort „Heister" bedeutet „Buche", der Name des Orts weist auf

die natürlicherweise dominante Baumart hin. Die große Abteikirche im Tal wurde am 18. Oktober 1237 geweiht (s. Bild S. 47). Mit knapp neunzig Metern Länge übertraf dieser Bau, der zisterziensische und niederrheinische Bauelemente vereint, alle romanischen Kirchen Kölns, mit Ausnahme des damaligen romanischen Doms.

Der bekannteste Mönch des Klosters war Caesarius von Heisterbach (um 1180–1240). Er trat 1199 in das Kloster ein und wurde bald Novizenmeister, später Prior. Zwischen 1219 und 1223 verfasste er den „Dialogus miraculorum" für

Skulptur des schreibenden Mönchs Caesarius von Heisterbach in Oberdollendorf von dem hier ansässigen Bildhauer E. F. Sander

Novizen. Durch die Dialogform dieser geistlichen Anekdotensammlung werden die damals herrschenden Vorstellungen und Meinungen in der Kirche anschaulich dargestellt. Zudem schrieb er eine Chronik über das Leben und Sterben des ermordeten Erzbischofs Engelbert I. von Köln sowie über das Leben der heiligen Elisabeth von Thüringen (1236–1237).

Über sechshundert Jahre prägten Arbeit und Lebensweise der Mönche den Ort und die Umgebung, bis durch die Säkularisation im Jahr 1803 auch Heisterbach aufgehoben wurde. 1804 bot die bergische Landesregierung die Abtei vergeblich zum Kauf an. 1809 wurde die Abteikirche zum Abbruch verkauft, und die Steinquader wurden zum Bau des Nordkanals zwischen Venlo und Neuss und später zum Bau der Festung „Ehrenbreitstein" bei Koblenz verwendet. Erst 1818 wurden weitere Zerstörungen durch eine Verfügung des Oberpräsidenten der Rheinprovinz unterbunden, sodass die heutige Ruine des ehemaligen Chors erhalten werden konnte.

1820 erwarb der Graf zur Lippe-Biesterfeld das Gelände innerhalb der Klostermauern. Er richtete einen Landschaftspark ein, in dem die Chorruine die Hauptattraktion war – zur Zeit der Romantik war eine eigene Ruine das gesellschaftliche „must-have". Die Chorruine war Gegenstand vielfacher künstlerischer Darstellungen während der Romantik, von denen sich einige im Siebengebirgsmuseum in Königswinter befinden (s. S. 23) Als 1919 die Cellitinnen, ein Orden, der sich der Krankenpflege widmet und nach der Regel des Augustinus von Hippo lebt, den Gesamtkomplex erwarben, zog wieder klösterliches Leben in die alten Mauern ein. Am 18. Oktober 1984 wurde die „Stiftung Abtei Heisterbach" gegründet, die sich die Pflege und Erforschung dieses Kulturerbes zur Aufgabe gemacht hat.

Grundmauern der rechten Hälfte der fünfschiffigen Basilika am höchsten Punkt des Petersbergs

Die unmittelbare Umgebung des Klosters
(Wanderung II, schwarze Strecke: 2 Kilometer)

Auch die unmittelbare Umgebung des Klosters trägt die Spuren vom Wirken der Mönche in der Landschaft. Wenn Sie vom Torgebäude des Klosters nach draußen schauen, werden Sie in naher Zukunft im Tal des Keltersiefens jenseits der L 268 wieder einen der zehn historischen Fischteiche sehen, die die Zisterziensermönche dort anlegten (s. Karte S. 44). Der Keltersiefen erhält sein Wasser zum einen von den Hängen der höher gelegenen Wälder jenseits der Straße, zum anderen über die

Ableitung aus den Teichen innerhalb der Klostermauern unter der Straße hindurch.

Die Teiche im Tal des Keltersiefens dienten einerseits der Fischzucht, andererseits der Vorhaltung von Wasser für die Mühlen, die in diesem Tälchen sowie in dem weiter abwärts gelegenen Mühlenbach betrieben wurden, zu dem sich Heisterbach, Kelter- und Brücksiefen unterhalb des Klosters vereinigen. Im oberen Tal des Keltersiefens, also rechts von Ihrem Standort, sind zwei zum Kloster gehörige Mühlen nachgewiesen, die 1693 urkundlich erwähnt und 1744 wegen des sumpfigen Geländes aufgegeben wurden: eine Ölmühle und eine Schleifmühle.

⌃ *Die Position des historischen Wasserrads am Brauhaus auf dem Klostergelände von Heisterbach und das Brauhaus im Jahr 2007*

Ölmühlen dienten zur Gewinnung von Öl für die Nahrung oder für Öllampen. Dabei rollten zwei senkrecht stehende, radförmige Läufersteine im Kreis auf einem Bodenstein herum (dieser Teil des Mahlwerks wurde „Kollergang" genannt) und pressten dabei das Öl aus Früchten wie Raps oder Bucheckern. Die Reste („Ölkuchen") wurden als hochwertiges Tierfutter verwendet (s. Bild S. 56).

Schleifmühlen dienten zum Schleifen von Werkzeugen, zum Beispiel von Meißeln oder Beilen für Steinmetze, Heugabeln, Zangen und Scheren für die Landwirte. Vermutlich hat diese Mühle bereits beim Bau der Heisterbacher Abteikirche bestanden, da das regelmäßige Schleifen der Werkzeuge in unmittelbarer Nähe des Bauorts für die Aufrechterhaltung des Baubetriebs von hoher Bedeutung war. Steinmetze konnten beispielsweise mit Meißeln nicht länger als eine Stunde arbeiten, dann waren ihre Werkzeuge stumpf. Das Mühlengebäude bestand wahrscheinlich nur aus einem einfachen Schuppen, einem sogenannten „Schleifkotten" (s. Bild S. 55).

Nach der Aufgabe der beiden Mühlen im Jahr 1744 wurden ihre Aktivitäten auf neu errichtete Mühlen im abwärts gelegenen Mühlental übertragen.

Sie können vom Tor aus nun den Wanderweg jenseits der Straße in Richtung Dollendorfer Hardt nehmen und in einem Linksschwenk zum Langenberger Weg wandern.

Der Wanderweg führt vom Kloster aus jenseits der L 268 zuerst an dem zur Drucklegung dieses Buchs noch vorhandenen Parkplatz an der rechten Seite vorbei. Dieser soll zurückgebaut und der hier ehemals vorhandene Teich wieder sichtbar gemacht werden, ähnlich wie die acht anderen historischen Teiche, die durch Bepflanzung nachgezeichnet werden sollen. Der historische Teich linksseitig des Wegs hingegen soll

Einst Standort historischer Mühlen und Fischteiche, präsentierte sich das Tälchen des Keltersiefens noch bis zum Jahr 2009 als entwässerte, konturlose Mähwiese.

Der Mönch von Heisterbach

„Ich weiß, ihm ist ein Tag wie tausend Jahr,
Und tausend Jahre sind ihm wie ein Tag."

Die Legende des Mönchs von Heisterbach erzählt die Geschichte eines Zisterziensermönchs, der sich nicht seinem Glauben an die Erhabenheit des christlichen Gottes über Zeit und Raum anvertraute, sondern grübelnd und zweifelnd über den entsprechenden Psalm in den Wald ging. Beim Gesang eines Vogels schlief er ein und wachte erst wieder auf, als ihn die Klosterglocke zum Abendgebet rief. Als er die Kirche betrat, fand er vieles verändert vor, selbst seine Brüder kannte er nicht mehr. Er nannte den Namen seines Abts sowie seinen eigenen, und die Brüder stellten fest, dass dreihundert Jahre zuvor ein Mönch dieses Namens in den Wald gegangen und nicht zurückgekehrt war. Auf diese Weise erfuhr der Mönch die Wahrheit des Psalms, über den er gegrübelt hatte, an sich selbst und wurde zum Wissenden. Nachdem er nun sein Lebensrätsel gelöst hatte, konnte er in Frieden sterben. In seinen letzten Worten, die der Lyriker Wolfgang Müller (1816–1873), wie die gesamte Geschichte, in Gedichtform fasste, teilte er seine Gotteserkenntnis den Brüdern mit (s. o.).

Der Mönch aus der Legende wird häufig mit Caesarius von Heisterbach (s. S. 50) gleich gesetzt, aber die beiden Figuren sind keineswegs identisch. Die Geschichte des Mönchs von Heisterbach ist eine typische Wanderlegende, die mit ähnlichen Figuren auch an anderen Orten und in anderen Zeiten erzählt wird, während Caesarius von Heisterbach nachweislich als historische Person im Kloster gelebt hat.

Gott ist erhaben über Ort und Zeit.
Ich weiß: Ihm ist ein Tag wie tausend Jahr,
Und tausend Jahre sind ihm wie ein Tag.

Tür mit Inschrift in der Klostermauer von Heisterbach, durch die der Mönch in den Wald gegangen sein soll

vollständig restauriert und wieder mit Wasser befüllt werden. Hinter dem Linksschwenk des Wegs, etwa am Ende dieses Teichs, ist eine weitere (heute verschwundene) Mühle nachgewiesen, die zum Kloster gehörte: die Heisterbacher Walkmühle. Die früheste urkundliche Erwähnung stammt aus dem Jahr 1202; vermutlich wurde diese Mühle, wie Schleifkotten und Ölmühle, zur selben Zeit wie das Kloster gebaut. Die Walkmühle diente zur Herstellung von Filzstoffen. Dabei wurden Tierhaare, Wollfett, Flachsfasern und Bleicherde vermischt, gestampft und in Gärbottichen aufbewahrt. Der ausgegarte Filzbrei wurde durch Filter gedrückt und anschließend zwischen zwei waagerecht rotierenden Walzen zu Filztuchen gepresst. Weber und Gerber von auswärts ließen in dieser Walkmühle ebenfalls ihre Produkte zwecks Verfeinerung stampfen und pressen.

Der Weg führt nun entlang dem Tälchen an vier weiteren historischen Teichen vorbei, von denen heute noch der in Privatbesitz befindliche Schlüsselweiher existiert. In dessen Schilfgürtel haben sich Graugänse angesiedelt, die Sie vor allem im Frühjahr auf den benachbarten Maisfeldern beim Äsen beobachten können. Bevor Sie die K 25 erreichen, führt ein Weg nach rechts zum Standort der ehemaligen Trassmühle (s. S. 74). An der K 25 müssen Sie sich entscheiden, ob Sie eine größere Wanderung über die Dollendorfer Hardt, Oberdollendorf und das Mühlental machen wollen (dann weiter-

Zeichnung eines mittelalterlichen Schleifkottens

lesen auf S. 58) oder es bei dem kurzen Rundgang um das Kloster belassen wollen. Für letztere Wahl überqueren Sie die K 25 und folgen dem Wanderpfad nach links entlang der Straße. Wo das Mühlental von rechts einmündet, queren Sie nach links die K 25 erneut und wandern am Ackerrand zurück zum Kloster. Dabei haben Sie nach rechts einen Blick auf das bewaldete Tälchen des Brücksiefens.

Mit diesem kurzen Rundweg vor den Klostermauern konnten Sie sich einen ersten Eindruck von dem vielfältigen handwerklichen Wirken der Zisterzienser verschaffen. Das jetzt noch schemenhafte Bild wird sich bei den folgenden Wanderungen weiter verdichten.

∧ Läufersteine aus dem Kollergang einer Mühle vor dem Heimatmuseum Brückenhof

Regionale 2010
Klosterlandschaft Heisterbach

Heisterbach ist neben der Altstadt von Königswinter und dem Drachenfels ein weiteres Projektzentrum der Regionale 2010. Innerhalb der Klostermauern und in deren unmittelbarer Umgebung werden die Strukturen der über viele Jahrhunderte sakralen und später säkularen Kulturlandschaft sichtbar gemacht. Die wesentlichen Maßnahmen sind:

• Archäologische Ausgrabungen und Präsentation der Grundmauern der Abteikirche und ihrer Anbauten,

• Wiederherstellung des Landschaftsparks und des Baumgartens aus der Zeit nach der Säkularisation,

• Aufwertung des Wirtschaftshofs mit Lapidarium (Steinsammlung aus den Resten der ehemaligen Klosterkirche),

• Sanierung des barocken Eingangstors und Neuanlage der historischen Allee innerhalb der Klostermauern,

• Sichtbarmachung der zehn Teiche außerhalb der Klostermauern im Tal des Keltersiefens durch Pflanzungen sowie Wiederherstellung eines dieser Teiche,

• Restauration der Teiche innerhalb der Klostermauern,

• Rückbau des bisherigen Parkplatzes, der sich an der Stelle eines historischen Teichs befindet, und Anlage eines neuen,

• Kennzeichnung der beschriebenen Wandertouren im Gelände, auch als Anbindung nach Oberdollendorf (Mühlental) und Königswinter (Herrenweg) und

• Einführung eines Informationssystems in der Landschaft, das die Zusammenhänge vermittelt.

Ausgrabungsarbeiten bei der Freilegung der Anbauten der Abteikirche im Jahr 2009

Oberdollendorf und das Mühlenbachtal
(Wanderung III, rote Strecke: circa 6,5 Kilometer)

Wenn Sie das Tälchen des Keltersiefens durchwandert haben, überqueren Sie am Langenberger Weg die K 25 geradeaus. Auf der anderen Straßenseite begeben Sie sich zum Rundweg um die Dollendorfer Hardt und umwandern diese. Hier ist der Waldboden im April besonders schön, wenn Blütenteppiche aus weißen Buschwindröschen, gelbem Scharbockskraut oder leuchtend blauem Immergrün die warme Jahreszeit einläuten. Nach der Umrundung der Kuppe zweigt ein Fußpfad nach rechts ab, der Sie schließlich an den Waldrand und ins Offenland bringt. Hier passieren Sie ein Feld mit Reihen von Korbweiden, die jedes Jahr zu niedrigen Kopfweiden geschneitelt werden. Aus den verdickten Enden ihrer Stämme sprießen die orange-braunen Zweige, die die Winzer zum Binden ihrer Rebstöcke verwenden.

Kurz darauf kommen Sie zur „Hülle", einem Aussichtspunkt mit Picknickplätzen und Schutzhütte, der mit seinem beeindruckenden Fernblick über die Weinlagen von Oberdollendorf und das Rheintal zur Rast einlädt.

Hier können Sie deutlich die namengebende „Delle" von Oberdollendorf sehen: Die Weinlagen ziehen sich über den nach Süden eingebuchteten Hang des Rheintals. Durch diese Geländemorphologie wird die durch Sonneneinstrahlung entstehende Wärme wie in einem Hohlspiegel wechselseitig auf die Flanken der Bucht zurückgeworfen und an diesem Ort „gesammelt" (s. Bild S. 60). Ein derartig wärmebegünstigtes Kleinklima fördert Wachstum und Qualität der Weintrauben an diesem Ort. Es ist daher nicht verwunderlich, dass der im Rückgang begriffene Weinbau von Oberdollendorf sich gerade auf diese optimale Stelle als letztem Refugium zurückgezogen hat.

⌃ *Feld mit vier Reihen frisch geschneitelter Kopfweiden*

Von der „Hülle" aus können Sie bereits das „Weinhaus Gut Sülz" sehen, ein ehemaliges Weingut des Klosters Heisterbach, das heute allerdings den Weinbau eingestellt hat, aber noch Gaststätte ist und eine umfangreiche Weinkarte anbietet. Durch die Weinhänge wandern Sie an dem historischen Gebäude vorbei und folgen dann der Straße „Cahns Berg" (David Cahn war im 19. Jahrhundert Besitzer des Weinguts Sülz) zur Heisterbacher Straße und dieser wiederum auf schmalem Bürgersteig in Richtung Ortsmitte. Die von rechts einmündende Straße „An der Luhs" weist darauf hin, dass sich hier einstmals eine Lohmühle befand.

Lohe ist die Rinde von Eichen, die für die Ledergerbung getrocknet, gemahlen und einem Gärprozess zugeführt wurde. Mithilfe dieser gegorenen Flüssigkeit wurden anschließend Tierhäute zu Leder gegerbt. Die wassergetriebene Lohmühle zermahlte die Rinde, und da das Holzfällen überwiegend im Herbst und Winter durchgeführt wurde, waren Lohmühlen weniger abhängig von der knapperen sommerlichen Wasserzufuhr. Sie konnten die reichlichen Herbst- und Winterniederschläge nutzen und kamen daher mit sehr kleinen Gewässern aus. Tatsächlich gibt es hier keinen Bach, sondern es wurden lediglich drei kleine Quellen aufgefangen, und deshalb wird vermutet, dass es sich um eine sogenannte „Donnermühle" handelte, deren Teich mit Wasser von „Donnerwettern", also heftigen Regenfällen oder Unwettern, durch Zuleitung über einen Hohlweg befüllt wurde.

Wenn Sie der Heisterbacher Straße bis zur Kreuzung mit der Caesariusstraße weiter folgen, kommen Sie zu der parkartigen Leo-Tendler-Anlage mit der Statue des Caesarius von Heisterbach (s. Bild S. 50). An der Statue machen Sie kehrt und wandern ein kurzes Stück auf der Heisterbacher Straße zurück, um dann nach links in die Lindenstraße abzubiegen. Unter Hausnummer 7 finden Sie das „Restaurant zur Mühle".

Mit einem Weidenspross „erzogene" Weinrebe

Weinbau in Oberdollendorf

Gut sieben Hektar sind die Rebenflächen von Oberdollendorf heute noch groß, mit den Lagen Laurentiusberg, Rosenhügel und Sülzenberg. Die Anbauflächen wurden durch ein Flurbereinigungsverfahren von 1973 bis 1979 neu geordnet. Die Hänge in Oberdollendorf werden heute von der einzig verbliebenen Winzerfamilie, den Bloesers, bewirtschaftet. Der Sülzenberg gehört zum im 10. Jahrhundert erbauten früheren Freihof „Gut Sülz". Freihöfe waren Wirtschaftshöfe, die sich im Besitz von Adligen oder Geistlichen befanden und von Steuern und anderen bürgerlichen Verpflichtungen wie zum Beispiel Wachdienst befreit waren. Sie unterlagen nicht der dörflichen „niederen Gerichtsbarkeit", sondern der des Grundherrn. Das Gut Sülz war seit dem 14. Jahrhundert Eigentum der Abtei Heisterbach und bis 1803 Mittelpunkt der Heisterbacher Weinwirtschaft. Seit 1823 befindet es sich in wechselndem Privatbesitz; heute ist der Winzerbetrieb eingestellt, und das historische Gebäude fungiert als Gaststätte.

Bis weit ins 19. Jahrhundert hinein war Oberdollendorf von der Weinwirtschaft geprägt. Betrugen die Weinanbauflächen 1878 noch gut 51,06 Hektar, waren sie 1906 bereits um fast die Hälfte geschrumpft,

und 1924 bestanden nur noch 7,5 Hektar. Im Zuge der Weltwirtschaftskrise erfolgten durch Arbeitsbeschaffungsmaßnahmen Rekultivierungen, und die Fläche stieg im Jahr 1934 wieder auf 23 Hektar an. 1939 gab es in Oberdollendorf knapp neunzig Weinbaubetriebe, die meisten wurden jedoch von den Winzern im Nebenerwerb geführt.

↗ *Weinlage am Sülzberg oberhalb von Gut Sülz in der „Delle" von Oberdollendorf*

⋀ *Innenhof und Garten des ehemaligen Weinguts Sülz am Ortsrand von Oberdollendorf*

Ein Gastwirt richtete in diesen Gebäuden im Jahr 1910 eine Getreidemühle mit elektrischem Antrieb ein. Diese „Kunstmühle" (lokale Bezeichnung) ohne historischen Vorläufer wurde 1948 noch einmal aufwendig saniert, und obwohl der Betrieb zeitweise bis zu zehn Mitarbeiter beschäftigte, konnte er gegen die Leistungsfähigkeit von industriellen Großmühlen nicht konkurrieren und wurde 1956 eingestellt.

Am Ende der Lindenstraße kommen Sie zum Brückenhof, der heute ein Heimatmuseum ist. Mitte des 17. Jahrhunderts als Hofanlage mit Torbau und Kelterhaus errichtet, war dieser einst über eine Brücke zugänglich, die über den offenen Lauf des gegenwärtig unterirdisch verrohrten Mühlenbachs führte. Die heutigen Gebäude lassen noch deut-

Der ehemalige Brückenhof ist heute ein Heimatmuseum.
Das Fachwerkhaus rechts der Straße ist die einstige „Ölmühle im Dich".

lich die charakteristischen Formen eines früher sogenannten „rheinisch-fränkischen Weingutshofs" erkennen, der wohl in Mischwirtschaft – Weinbau und Feldwirtschaft – betrieben wurde.

Sie folgen nun der Bachstraße bergan zurück zum Weingut Sülz. Unmittelbar unterhalb des Weinguts hat es eine Mühle gegeben, die 966 in einer Schenkungsurkunde von Kaiser Otto I. erwähnt ist und dem Aachener Marienstift gehörte. Es existieren keine baulichen Spuren dieses Gebäudes.

Wenn Sie nun in das Mühlental nach rechts einbiegen, begegnen Ihnen sechs weitere Mühlen auf dem Weg zurück nach Heisterbach:

1. Die „Ölmühle im Dich", auch „Kempers Mühle" genannt, mit der Hausnummer 2. Das Baudatum ist unbekannt; nachweisbar ist eine ursprüngliche Getreidemühle, die einstürzte und 1776 den Besitzer wechselte. Danach erhielt sie eine Ölpresse und wurde 1837 als Ölmühle erwähnt. Vermutlich ist sie beim Mühlensterben zwischen 1880 und 1890 aufgegeben worden.

2. Die „Untere Wallrafsche Mühle" oder „Unterste Heisterbacher Mühle" (Hausnummer 22). Die Abtei Heisterbach hatte hier um 1770 eine Mühlenanlage für Getreide und ein größeres Wirtschaftsgebäude errichten lassen. Letzteres diente als Handelshof mit beachtlichem Warenumsatz. Die Mühle wurde 1821 von ihrem Pächter Wallraf renoviert und 1822 von ihrem neuen säkularen Besitzer, Graf zur Lippe-Biesterfeld, ersteigert. 1910 wurde der Betrieb eingestellt; von der Mühle gibt es nur noch ein Hinweisschild (s. Bild S. 80), der noch existierende Wirtschaftshof ist heute Wohngebäude und wurde erheblich verändert.

3. Die Mühle am Hellenberg oder „Obere Dollendorfer Mühle" (Hausnummer 24). Diese Mühle wurde 1777 von der Abtei Heisterbach als Getreidemühle neu errichtet und vom selben Müller betrieben wie die vorige.

Mühle am Hellenberg

Sie ging nach der Säkularisation gleichfalls in den Besitz des Grafen über. Während jedoch dieses Mühlengebäude einigermaßen erhalten blieb und heute Wohnhaus ist, fehlen von Teich, Graben und Wehr alle Spuren.

4. Der „Schleifkotten am Wasserfall". An der Stelle, wo der Mühlenbach einen Gefälleunterschied von zwei Metern aufweist, standen zwei Mühlen fast unmittelbar nebeneinander: die Heisterbacher Fruchtmühle und ein Schleifkotten. Ähnlich dem Schleifkotten im Keltersiefen (s. S. 55) war auch dieser ein schuppenartiges Gebäude, in dem ein Wasserrad Schleifsteine verschiedener Größen bewegte, mithilfe derer Werkzeuge geschliffen und geschärft wurden. Diese wurden in Steinbrüchen, in den Weinbergen und auf den Äckern benötigt, wie beispielsweise Steinmeißel oder Hacke. In der Nähe soll es nach mündlicher Überlieferung ebenfalls eine Schmiede mit wassergetriebenem Hammer gegeben haben, sodass

Mauerreste der Heisterbacher Fruchtmühle

hier vermutlich Schmiede- und Schleifhandwerk in geringer Entfernung voneinander angesiedelt waren und gegenseitige Zuarbeit leisteten.

5. Die „Heisterbacher Fruchtmühle" oder „Mühle am Schleifkotten" gehörte ebenfalls zur Abtei und wurde vermutlich um 1710 als Getreidemühle errichtet. 1805 nach der Säkularisation versteigert, wurde die Mühle um 1809 als „verfallen" bezeichnet, dann aber von Wallraf aus Niederdollendorf 1817 gekauft und bis 1823 instand gesetzt. Ein Foto von 1905 zeigt die Mühle wiederum als Ruine, mit wenig mehr Mauerresten als heute. Teich und Zuleitung sind oberhalb der Mauern immer noch erkennbar.

6. Kurz vor dem Ende des Mühlenbachtals schließlich kommen Sie zur „Heisterbacher Ölmühle", die von der Abtei Heisterbach 1728 erbaut worden war, mit einer aufwendigen Anlage des Teichs in der Hanglage. Nach der Säkularisation wurde die Ölmühle – wie die anderen Mühlen der Abtei – zunächst von der Domänenkommission verwaltet und 1820 von Graf zur Lippe-Biesterfeld erworben, in dessen Besitz sie bis 1865 verblieb. Bis 1914 wurde die Mühle in betriebsfähigem Zustand gehalten; 1926 wurde das Gebäude zu dem gegenwärtigen Wohnhaus umgebaut, die Mühleneinrichtung entfernt, das Wasserrad und die Teichanlagen romantisch instand gesetzt und das Gebäude in „Idyllenmühle" umbenannt. Es diente zeitweise als Pension und Ausflugslokal und ist heute ein privates Wohnhaus.

Von der Idyllenmühle aus ist es nicht mehr weit zur K 25, die Sie überqueren und dann zwischen Acker und Wald zu den Klostermauern von Heisterbach zurückkehren.

Mit diesem Ausflug in Technik und Handwerk des vergangenen Jahrtausends haben Sie nun einen deutlicheren Einblick in das wirtschaftliche Leben der Abtei Heisterbach gewonnen.

Die ehemalige Heisterbacher Ölmühle, heute Idyllenmühle genannt

Petersberg, Stenzelberg und Weilberg
(Wanderung IV, violette Strecke: 8,5 Kilometer)

Die landschaftsgeschichtliche Wirkung des Zisterzienserklosters Heisterbach können Sie sich auf einer weiteren Wanderung, einer großen Route über Petersberg, Stenzelberg und Weilberg, erschließen. Wenn Sie nicht die Abkürzung, sondern die volle Strecke steil bergan über den Gipfel des Petersbergs wählen, folgen Sie zunächst dem Herrenweg (s. S. 76),

auch gleichzeitig Rheinsteig, in den Wald hinein, um im weiteren Verlauf auf den steilen Hang des Bergs abzubiegen. Dabei wandern Sie auf einem der Bittwege, die zur heutigen Peterskapelle auf den Gipfel des Petersbergs führen. Zahlreiche Wegekreuze, auf denen in der Regel Jahreszahl und Stifter vermerkt sind, markieren diese alten Wallfahrtsstrecken. Das älteste Kreuz befindet sich am Bittweg nach Königswinter und stammt aus dem Jahr 1638. Die christlich-religiösen Motive, die Sie dort in Form von Inschriften, Symbolen und Skulpturen vorfinden, sind vielfältig.

In der Nähe des Gipfels durchwandern Sie majestätischen Buchenwald, durchsetzt mit immergrüner Stechpalme, die hier im klimatisch begünstigten, wintermilden Rheintal prächtig gedeiht.

∧ *„Herz-Jesu"-Kreuz: die bei der Kreuzigung von Jesus in besonderer Weise verletzten Körperteile Füße, Hände, Herz und Kopf sind auf dem Kreuz als Reliefs dargestellt.*

Kurz unter dem Gipfel durchqueren Sie das üblicherweise offene Tor des Sicherheitszauns, das die Kuppe des Petersbergs umgibt. Scheinwerfer und Kameras entlang dieses Zauns erinnern daran, dass Sie sich dem Gästehaus der Bundesrepublik Deutschland nähern. Nach aufwendigen Umbauten wurde das Hotel 1990 als „Gästehaus der Verfassungsorgane der Bundesrepublik Deutschland" in Betrieb genommen. Seither haben nahezu alle Staatsoberhäupter, mit denen die Bundesrepublik Deutschland diplomatischen Austausch pflegt, hier übernachtet. Daran erinnert etwa der auf dem Gipfel vorhandene Bill-Clinton-Jogging-Pfad. Durch den Umzug der Bundesregierung nach Berlin im Laufe der 1990er Jahre ging jedoch die Nutzung durch Staatsgäste im „Grandhotel Petersberg" stark zurück.

Kurz hinter dem Zaun gabelt sich der Pfad, und statt dem Rheinsteig weiter zu folgen, sollten Sie sich nach rechts dem Hotel zuwenden. Der Ausblick von den Terrassen über das Rheintal ist atemberaubend, nach links hin können Sie den Drachenfels mit seiner markanten Ruine und das davor liegende Schloss Drachenburg sehen (s. S. 18 ff.).

Auf dem Vorplatz der Terrassen, auf dem eine Kartentafel des Naturparks Orientierung bietet, sollten Sie sich links halten, den Parkplatz geradeaus überqueren und weiter einem gepflasterten Weg in den Park auf der Kuppe folgen, wo Sie die Peterskapelle, einen Wallfahrtsaltar sowie am höchsten Punkt die Grundmauern der fünfschiffigen mittelalterlichen Kirche finden, die den Vorläufer der Klosterkirche von Heisterbach bildet (s. Bilder S. 51 und S. 68 f.). Zum Abstieg suchen Sie wieder den Rheinsteig auf, der sich als schmaler Pfad hinter der Kontrollstation an der Zufahrtsstraße talwärts windet. Er folgt zunächst einem der Bittwege, schließlich verlassen Sie den Rheinsteig und gehen in Richtung Einkehrhaus, das nach längerer Wanderung durch die

Jahreszahl eines Wegekreuzes am Bittweg nach Königswinter: 1638

Die Geschichte des Petersbergs

Der über dreihundertdreißig Meter hohe Petersberg ist ein sehr alter Siedlungsort, der jedoch nicht kontinuierlich bewohnt war: Älteste Funde datieren fünftausendfünfhundert Jahre zurück in die jüngere Steinzeit. Ein weiterer Siedlungsnachweis ist ein 1936 ausgegrabener keltischer Ringwall aus dem ersten vorchristlichen Jahrhundert (Eisenzeit).

Historisch belegt ist außerdem Ritter „Walter", der um 1131 als Eremit auf den unbewohnten Berg zog, der zu jener Zeit den Namen „Stromberg" trug. Dem Ritter folgte eine Gruppe Geistlicher, die nach der Regel des Augustinus von Hippo in christlicher Askese lebten („Augustiner-Chorherren"). Sie bauten dort eine Klause und ab 1136 eine erste Kirche, die sie Maria, der Mutter von Jesus, weihten.

Das einfache Kirchenschiff mit zwei viereckigen Türmen bildet den innersten Raum der fünfschiffigen Kirche, deren Grundmauern Sie heute auf dem höchsten Punkt des Petersbergs sehen können. Doch bereits 1176 wurde der Standort von den Augustiner-Chorherren wieder aufgegeben. 1189 bezogen die Zisterziensermönche aus Himmerod, die

später unten im Tal das Kloster Heisterbach gründen sollten, zunächst die verlassene Klause. Sie erweiterten die Kirche um zwei Seitenschiffe und fügten zudem zwei Kapellen an, die als zusätzliche kurze Außenschiffe erkennbar sind. Darüber hinaus weihten sie ihre Kirche Petrus, einem der Apostel von Jesus. Die Kirche wurde zu einem Wallfahrtsort (seit dem frühen 14. Jahrhundert belegbar),

Der Grundriss der fünfschiffigen Marienkirche auf einer dokumentierenden Bronzeplatte. Am Chor des Mittelschiffs sind zwei viereckige Türme zu erkennen.

und der Berg nahm im Laufe der Zeit deren Namen an. Der fünfschiffige Kirchenbau hat vermutlich bis ins 18. Jahrhundert existiert.

Die heute bestehende, barocke Peterskapelle wurde 1763 unter dem Heisterbacher Abt Hermann Kneusgen als Wallfahrtskirche gebaut, teilweise aus wiederverwendeten Steinen der mittelalterlichen Peterskirche. Vier Bittwege führen von Königswinter, Ittenbach, Heisterbacherrott und Ober-/Niederdollendorf auf den Gipfel des Petersbergs, markiert von steinernen Kreuzen; das älteste stammt aus dem Jahr 1638 (s. Bild S. 67). 1834 erwarb der Kölner Kaufmann Mertens die Domäne Petersberg. Seine Frau Sibylle Mertens-Schaaffhausen ließ sich dort einen Sommersitz errichten, der Treffpunkt für Literaten der Romantik wie August Wilhelm Schlegel oder Ernst Moritz Arndt wurde. 1888 wurde mit dem Bau eines Hotels begonnen. 1889 wurde die Petersbergbahn erbaut, eine schmalspurige Zahnradbahn, die bis ins Jahr 1958 Gäste zum Gipfel brachte. Die nachfolgenden Besitzer des Geländes, die Brüder Nelles, eröffneten 1892 das Hotel, das jedoch erfolglos blieb und 1911 durch Zwangsversteigerung in den Besitz des Kölner Familienunternehmers Ferdinand Mülhens kam, der das überregional bekannte Parfüm „Kölnisch Wasser 4711" produzierte. Er ließ das Hotel in ein neobarockes Kurhotel umbauen und eröffnete es 1914 erneut.

Nach dem Zweiten Weltkrieg war der Petersberg bis 1952 der Sitz der Alliierten Hohen Kommission. 1949 wurde hier von dem damaligen Bundeskanzler Konrad Adenauer das historische „Petersberger Abkommen" unterzeichnet.

1978 erwarb die Bundesrepublik Deutschland das knapp einhundertzehn Hektar große Gelände mit allen Gebäuden von der Familie Mülhens. Die noble Unterkunft ist heute auch für Wanderer offen und bietet einen herausragenden Blick über das Rheintal.

Die Grundmauern zeichnen den Kapellenkranz am Chor der fünfschiffigen Wallfahrtskirche nach.

prächtigen Laubwälder von Peters- und Nonnenstromberg zu einer Pause einlädt.

Von hier aus ist es nicht mehr weit zum Stenzelberg. Ein markierter und mit Baumstämmen gerahmter Pfad führt durch die fast vollkommen verschwundene Latitkuppe, deren Überreste die nahezu achthundertjährige Abbaugeschichte dokumentieren. Steile Felswände und konische Felsskulpturen stehen hier markant in der Landschaft und bilden Wärmebiotope für Eidechsen und Schlingnattern.

Vom Stenzelberg folgen Sie der Ausschilderung zum Weilberg jenseits der L 268. Bereits vor dem Abzweig auf den Weilberg-Rundweg führt ein erster Gang in die abgetragene Kuppe, deren Wände die eckig-säulenförmige Auskristallisation des Basalts sehr schön demonstrieren. Aber auch andere Abkühlungsformen sind hier zu sehen – der Tagebau präsentiert sich als Bilderbuch für Basaltmorphologie.

Hinter dem Abzweig auf den Weilberg-Rundweg bieten „obere" und „untere Terrasse" Zugänge zu verschiedenen Ebenen in den großen Basalttagebau. Auf Tafeln wird der Einschluss einer Basaltlinse in der Tuffschicht erläutert. Der Boden des Tagebaus ist von einem See be-

Die Peterskapelle von außen und ihre barocke Ausstattung im Inneren

Historischer Bergbau an Peters-, Weil- und Stenzelberg

Die ältesten Spuren von Bergbau auf dieser Wanderung finden Sie auf dem Petersberg: Der Ringwall belegt, dass die Steinvorkommen bereits in der Eisenzeit zum Bauen genutzt wurden. Allerdings gehen Archäologen davon aus, dass die Steine des Ringwalls nicht abgebaut wurden, sondern dass es sich dabei um loses Gestein handelt, das eingesammelt wurde. Abbau lässt sich erst in römischer Zeit, das heißt kurz nach der Zeitenwende nachweisen; am Drachenfels bauten die Römer in drei Steinbrüchen Trachyt ab.

Ab dem 12. Jahrhundert wurden Steinbrüche am Stenzelberg eröffnet; aus dem dort gewonnenen Latit wurden die Probsteikirche der Benediktiner in Oberpleis und die Nikolauskapelle in Heisterbacherrott erbaut. Im 13. Jahrhundert wurde der Latit des Stenzelbergs auch für die Abteikirche von Heisterbach verwendet. Lage und Ausdehnung dieser historischen Steinbrüche sind heute nicht mehr rekonstruierbar, da die industrielle Ausbeutung des Baustoffs im späten 19. Jahrhundert die mittelalterlichen und frühneuzeitlichen Spuren komplett zerstört hat.

Überreste des historischen Bergbaus am Stenzelberg

Historiker vermuten, dass sich der Steinabbau im Siebengebirge ab Mitte des 15. Jahrhunderts vollständig in privater Hand befand. 1697 ist für die Drachenfels-Steinbrüche eine Steinhauerzunft nachgewiesen; zu Beginn des 19. Jahrhunderts befanden sich alle Steinbrüche des Siebengebirges im Besitz einer Steinhauergewerkschaft.

Steingewinnung unterlag im kurkölnischen Territorium keinem „Regal" (gesetzliche Regelung). Wo kein Zunftrecht herrschte, konnte jeder auf seinem Boden ohne Erlaubnis Gestein abbauen. Daher ist das Siebengebirge außer von größeren Steinbrüchen auch von zahllosen kleineren Abbaustellen übersät, die den privaten Bedarf deckten.

Für das Ende des 19. Jahrhunderts sind in der unmittelbaren Umgebung von Heisterbach folgende Steinbrüche urkundlich nachgewiesen: fünf am Petersberg, drei am Großen Weilberg, einer am Kleinen Weilberg sowie drei am Stenzelberg.

Als dann schließlich die Phase des industriellen Abbaus einsetzte, verschwanden die Bergkuppen von Stenzel- und Weilberg, und es entstanden die heutigen großen Abbaulöcher in der Landschaft. Dies ging mit neuen Verkehrsinfrastrukturen einher wie Straßen oder der 1891 eröffneten, etwa sieben Kilometer langen Heisterbacher Talbahn, die 1894 um einen Abzweig zum Weilberg erweitert wurde. Der Basalt vom Petersberg wurde mit einer „Luftbahn" und einer Flachseilbahn an die Verladestellen der Talbahn transportiert. Diese Bahnen wurden Anfang des 20. Jahrhunderts wieder abgerissen.

Die aus dem Bergbau resultierenden tiefgreifenden Veränderungen der Landschaft führten 1922 zur flächendeckenden Unterschutzstellung des Siebengebirges und 1930 zum finalen Verbot jeglicher Abbautätigkeit – was natürlich nicht verhindern konnte, dass das hiesige Landschaftsbild bis heute von den Spuren überprägt ist.

Basaltabbau: Statt seiner ursprünglichen Bergkuppe besitzt der Weilberg heute ein großes Loch und einen wassergefüllten See.

deckt, der mit seinem naturbelassenen Bewuchs heute einen wertvollen Sekundärlebensraum für Amphibien darstellt.

Sie folgen dem Weilberg-Rundweg, zweigen nach der halben Umrundung nach rechts ab und kehren dann über das Langenbergsloch als Standort einer ehemaligen Trassmühle in Richtung Heisterbach zurück. Das Langenbergsloch oder Trassloch war eine Mitte des 18. Jahrhunderts entstandene Abbaustelle für vulkanischen Tuff am Langenberg. Hier gab es eine historische Steinmühle mit Pferdeantrieb (eine sogenannte „Ross-" oder „Göpelmühle"). Die Zugtiere wurden am „Göpel" angeschirrt. Mithilfe von Tierkraft anstelle der hier nicht verfügbaren Wasserkraft wurde der Tuff zu einem feinen Pulver („Trassmehl") zermahlen, das für die Bildung von Mörtel benötigt wurde. Ähnlich wie bei

Das Haus Nummer 2 am Langenberger Weg ist der Standort der ehemaligen Trassmühle.

den Ölmühlen liefen bei der Trassmühle zwei senkrechte Läufersteine über einen Bodenstein („Kollergang") und zerkleinerten so das zuvor zerschlagene, weiche Gestein. Dieser Antrieb unterschied diese Mühle von allen anderen in der Umgebung von Heisterbach. Heute ist das ehemalige Mühlengebäude ein Wohnhaus.

Vom Langenbergsloch kehren Sie durch das Tal des Keltersiefens mit seinen historischen Fischteichen zurück zum Kloster Heisterbach.

Typisch für das Latitgestein sind die schwärzlichen Einschlüsse aus Hornblende, die zum Beispiel an der Chorruine in Heisterbach zu finden sind.

Über den Herrenweg nach Königswinter
(Wanderung V, blaue Strecke: Rundweg 5,5 Kilometer)

Diesen Weg benutzten die Äbte von Heisterbach zu ihrem Stadthof, auch Gästehaus, dem ehemaligen „Heisterbacher Hof" in Königswinter, daher wird er „Herrenweg" genannt.

Sie sollten diese historische Wegstrecke zu einer Rundwanderung zusammenfügen, indem Sie zum Beispiel vom Bahnhof oder der Straßenbahnstation in Niederdollendorf ausgehend eine Route durch die Bachstraße in Oberdollendorf, durch das Mühlenbachtal (s. S. 58 ff.)

﹀ *Der „Herrenweg", der Weg des Abts*

Die „Pfahlerziehung" am historischen Pfaffenröttchen – jeder Weinstock mit eigenem Pfahl >

nach Heisterbach und von dort über den Herrenweg nach Königswinter wählen. Dieser Ort wartet mit zahlreichen Attraktionen auf (s. S. 19 ff.), und von hier aus kommen Sie mit Bahn oder Straßenbahn wieder zurück nach Niederdollendorf.

Auf dem Herrenweg nach Königswinter sollten Sie nicht versäumen, einen Schlenker über den heutigen „Jugendhof" zu machen, das ehemalige Weingut am Heisterberg, das vom Mittelalter bis zur Säkularisation Anfang des 19. Jahrhunderts zum Kloster Heisterbach gehörte. Heute besitzt der Landschaftsverband Rheinland (LVR) diese historische Weinbaulage „Niederdollendorfer Heisterberg" mit einer Rebfläche von gut einem halben Hektar. In einem gemeinsamen Projekt mit dem Rheinischen Verein für Denkmalpflege und Landschaftsschutz (RVDL) wird diese unter Berücksichtigung der kulturlandschaftlichen, historischen und ökologischen Besonderheiten des Standorts langfristig erhalten und nachhaltig weiter bewirtschaftet (s. S. 78 f.).

In Königswinter befand sich der ehemalige Heisterbacher Hof in der Altenberger Gasse, nahe der Rheinpromenade. Sicher nachweisbar ist dieser Stadthof im Besitz des Klosters seit 1358. Im Jahr 1764 ließ der Abt Hermann Keusgen das Gästehaus im zeitgenössischen Stil neu errichten. Das heute noch bestehende Gebäude an der Rheinpromenade wurde nach dessen Verkauf aufgrund der Säkularisation bereits 1826 zum Hotel „Heisterbacher Hof". 1892 wurde das Haus um ein Geschoss erhöht und in „Düsseldorfer Hof" umbenannt. 1951 kam das Gebäude in den Besitz der Stadt Königswinter.

Das ehemalige Gästehaus des Klosters Heisterbach an der Rheinpromenade/Ecke Altenberger Straße in Königswinter ⌃

Das Pfaffenröttchen

Der erste sichere Nachweis über Weinbau im Siebengebirge stammt aus dem 9. Jahrhundert. Seine größte Ausdehnung erlebte der Weinbau vom 14. bis 16. Jahrhundert. Das heutige Jugendhofgelände zwischen Dollendorf und Königswinter wurde im 12. und 13. Jahrhundert vom Kloster Heisterbach gerodet und 1329 erstmals als „Paffinroyt" (Pfaffenrodung) urkundlich erwähnt – am „Heisterberg" wurde klösterlicher Wein angebaut. Haus, Hof und Weinberge wurden über die Jahrhunderte als „Pfaffenröttchen" bezeichnet.

Im Zuge der Säkularisation wurde dieses Weingut 1803 zur Staatsdomäne und erfuhr nachfolgend über wechselnde Privatbesitzer einen Ausbau der Gebäude und eine Umbenennung in „Haus Heisterberg". 1939 erwarb die Preußische Provinzialverwaltung das Anwesen und ließ den Weinberg bis 1953 von Gärtnern, Erziehern und Zöglingen des in

den Gebäuden angesiedelten Provinzial-Erziehungsheims bewirtschaften. Der Landschaftsverband Rheinland übernahm das Anwesen 1953 und wandelte es in eine Bildungsstätte des Landesjugendamts um, wobei der Weinberg bis 1967 vom Winzerverein Oberdollendorf bewirtschaftet wurde, danach vom Jugendhof Rheinland selbst.

Von Flurbereinigung verschont, wurde der Weinbau

Die Weinlage des Oberdollendorfer Heisterbergs, auch Pfaffenröttchen genannt

in dieser Lage jedoch unrentabel und kam ab 1983 zum Erliegen. Dennoch wurden die Hänge durch Extensivpflege von ihrer natürlichen Wiederbewaldung freigehalten.

2002 wurde die Weinlage gerodet und mit historischen Rebsorten neu bepflanzt. Auf gut einem halben Hektar werden heute die Weißweine „Riesling", „Weißer Elbling" und „Früher Malinger" sowie die Rotweine „Früh-" und „Spätburgunder" biologisch angebaut. Neben historischen Rebsorten experimentiert man auch mit historischen „Erziehungsformen", wie die Beschneidung und Fixierung der Reben an ihren Stützen genannt wird. Dazu gehören die „Pfahlerziehung" am Buchenpfahl (im Gegensatz zur modernen und weniger aufwendigen „Drahtrahmenerziehung") oder der ebenfalls arbeitsintensivere „Rheinische Wechselschnitt" (s. Bild S. 77 oben). Insofern lässt sich die Arbeit am Heisterberg durchaus als „experimentelle Archäologie im Weinberg" bezeichnen.

Für die Pfahlerziehung, auch „Ramholzerziehung" genannt, gehörte im Mittelalter zu jedem Weinberg ein Stück Wald, ein „Rambusch". Dort wurden die nur etwa armdicken Buchenstämme abgeschlagen, gelegentlich erst in ein bis zwei Metern Höhe des Stamms. In den Wäldern zwischen Ramersdorf und Dollendorf finden sich noch derartige „Ramhecken" mit historischen Kopfbuchen, die heute als dickstämmige Verzweigungen in ein bis zwei Metern Höhe über dem Boden in Erscheinung treten.

Unmittelbar neben dem Weinberg befindet sich eine Weinbergsbrache, die von einer Wanderschafherde beweidet und dadurch an der natürlichen Wiederbewaldung gehindert wird. Diese Fläche bietet gefährdeten Pflanzen- und Tierarten der traditionellen Kulturlandschaft Lebensraum und bewahrt den benachbarten Weinberg vor unerwünschter Beschattung.

Durchgewachsene Kopfbuchen in einem historischen „Rambusch" bei Oberkassel

Regionale 2010
Umgebung von Heisterbach

Auch in der weiteren Umgebung von Kloster Heisterbach werden die historischen Spuren der klösterlichen Kulturlandschaft im Rahmen der Regionale 2010 mithilfe eines Vermittlungssystems und durch die Ausgestaltung von Rund- und Erlebniswegen sichtbar gemacht.

Mühlenstandorte entlang des Mühlenbachs werden für Besucher erkennbar, das Brückenhofmuseum wird dabei in Zukunft eine bedeutende Rolle übernehmen. Das Mühlenbachtal ist Bestandteil des Regionale-Projekts „Mühlenregion Rheinland", das eine öffentliche Darstellung und informative Vernetzung aller Mühlenstandorte im Rheinland vorsieht.

Die historischen Weingüter wie Gut Sülz oder der Heisterberg sollen wieder in den Zusammenhang ihrer Geschichte gestellt werden; dabei soll das charakteristische Landschaftsbild der noch existierenden oder bereits brachgefallenen Weinberge erhalten werden. Die alten Weinbauformen des „Pfaffenröttchens" sollen in ihren historischen Bezügen dokumentiert werden.

Die historischen Steinbrüche an Weilberg, Stenzelberg und Petersberg sollen unter Berücksichtigung des Naturschutzes für Besucher zugänglich gemacht, und ihre Rolle wird dokumentiert werden.

Schließlich soll eine Ausweisung und bauliche Verbesserung der die historischen Spuren verbindenden Wege erfolgen und ein innovatives Vermittlungskonzept Besucherinnen und Besuchern die Zusammenhänge aufzeigen.

Hier stand bis in die vierziger Jahre des 20. Jahrhunderts eine unterschlächtige Getreidemühle.
- 1821 erbaut
- 1903 durch Unwetter stark beschädigt
- 1910 stillgelegt.

∧ Dokumentation im Jahre 2009: Schild am Ort der unteren Wallfraffschen Mühle, das die historischen Bezüge nicht erkennen lässt

TOURISMUSINFORMATION
Tourismus Siebengebirge
(in der Talstation der Zahnradbahn)
Drachenfelsstr. 51
53639 Königswinter
Tel. 02223 / 91 77 11
www.siebengebirge.com

Empfehlenswert für Wanderungen um Heisterbach ist die **Wanderkarte NRW Nr. 22 „Bonn, Siebengebirge und Kottenforst"**
1: 25.000

Das Projekt **Klosterlandschaft Heisterbach** der Regionale 2010 finden Sie unter:
www.regionale2010.de
www.koenigswinter2010.de
www.klosterlandschaft-heisterbach.de

Das **Mühlenbachtal** ist Teil der **„Mühlenregion Rheinland"**:
www.muehlenregion-rheinland.de

Informationen zur **Landschaft** finden Sie unter: www.naturpark-siebengebirge.de
Der Trägerverein VVS bietet ein umfangreiches Veranstaltungsprogramm mit Führungen zu den Themen der Landschaft an

Ebenso bietet das **Siebengebirgsmuseum** Führungen zur Landschaft an (s. S. 40).

HEREINGESCHAUT!
Kloster Heisterbach
Heisterbacher Str.
53639 Oberdollendorf (Königswinter)
www.abtei-heisterbach.de

Informationen zur **Heimatgeschichte**, insbesondere zum Mühlental, hält das **Brückenhofmuseum** bereit.
Bachstr. 93
53639 Oberdollendorf (Königswinter)
Tel. 02223 / 91 26 23
www.brueckenhofmuseum.de
Öffnungszeiten: ab Mai jeder 1. und 2. So im Monat 14.30–17.30 Uhr,
ab Nov. 14.30–17 Uhr
Eintritt: frei
Bildreiche und detaillierte Dokumentation zu den Themen des Museums finden Sie unter:
www.virtuelles.brueckenhofmuseum.de

Flügel am historischen Wirtschaftshof des Klosters Heisterbachs

Erlebnisraum Schutzgebiet

Was können Sie hier tun und erleben?

Das Siebengebirge eignet sich hervorragend für längere oder kürzere Wanderungen. Ob Sie einen einstündigen Sonntagsspaziergang, einen Wandertag oder ein ganzes Wanderwochenende hier verbringen, alle Varianten sind lohnenswert.

Mit Wanderkarte (s. S. 96) ausgerüstet, lassen sich Routen leicht planen. Rundwanderungen haben den Vorteil, Sie wieder an den Ausgangspunkt zurückzuführen, aber auch Streckenwanderungen lassen sich im Siebengebirge gut realisieren. Wenn Sie den Start- und den Endpunkt in die Nähe des Rheins legen, kommen Sie mit einer Fahrt auf einem Rheinschiff, per Bahn- oder Straßenbahn problemlos zum Ausgangsort zurück.

Außer Königswinter und dem Kloster Heisterbach (s. S. 19 ff. und 43 ff.) ist das Besucherzentrum auf der Margarethenhöhe für Gäste offen (s. S. 96).

Anreise mit ÖPNV:

Die Orte Oberkassel, Oberdollendorf, Königswinter, Rhöndorf, Bad Honnef und Unkel sind gut mit der Bahn zu erreichen, zudem fährt von Bonn aus die Stadtbahn bis Bad Honnef.

Anfahrt mit dem PKW:

Eine Reihe von Wanderparkplätzen steht als Ausgangspunkt für eine Wanderung zur Verfügung, hier eine Auswahl:

• Ennert-Parkplätze im Norden zwischen Niederholtorf und Pützchen: 53227 Niederholtorf (Bonn), Löwenburger Straße

• Kloster Heisterbach (s. S. 42 ff.) sowie die Parkplätze „Weilberg" und „Im Mantel", 53639 Heisterbacherrott, Dollendorfer Straße

• In der Mitte Königswinter/Drachenfels (s. S. 18 ff.) und das Naturparkhaus an der Margarethenhöhe (s. S. 96)

• Im Süden die Parkplätze Servatius, Reisberg, Ellerbruch, Einsiedlertal und Schmelztal an der L 144 zwischen Aegidienberg und Bad Honnef, 53604 Aegidienberg, Himberger Straße

Wenn Sie die Orte mit Navigationsgerät ansteuern, dann bitte der Straße über den Ortsrand hinaus weiter folgen, die Parkplätze finden Sie in den Wäldern.

Waldweg am Gipfel des Leybergs

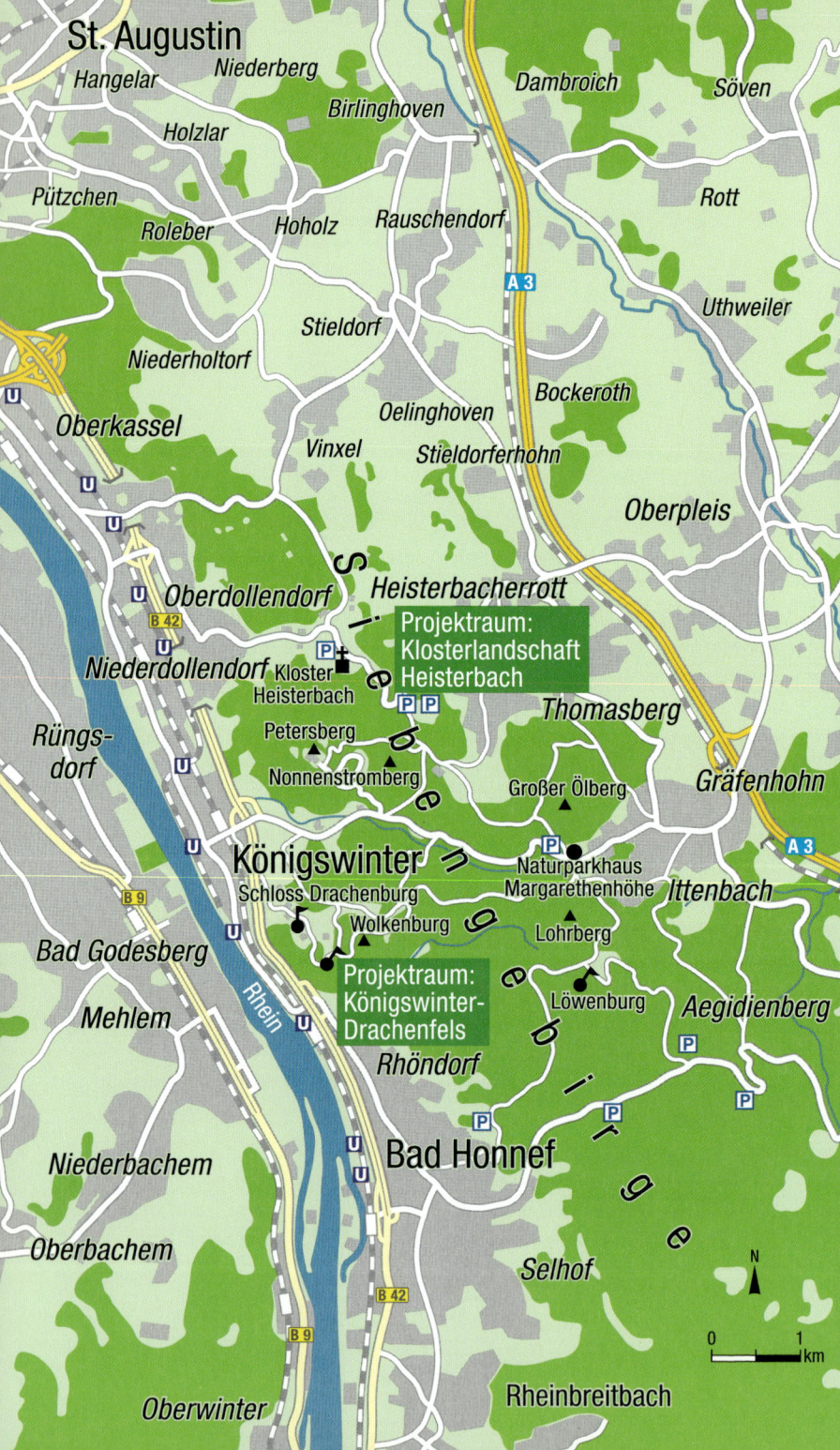

Der Naturerlebnisraum Siebengebirge

Nordrhein-Westfalens ältestes Naturschutzgebiet mit seiner geografisch herausragenden Lage direkt am Rhein unweit von Bonn hat nicht nur wertvolle kulturelle Schätze aufzuweisen, sondern auch ein einzigartiges Naturpotenzial. Seine artenreichen Waldlebensräume und sonnenverwöhnten Felshänge im milden Rheintal machen das Siebengebirge zu einem ökologisch sehr wertvollen Gebiet mit besonderen, an ein wärmebegünstigtes Klima angepasste Tier- und Pflanzenarten wie Elsbeere und Zweiblättriger Blaustern, Zippammer, Spanische Fahne oder Mauereidechse.

Durch seinen vulkanischen Ursprung zeigt das Siebengebirge eine Vielzahl unterschiedlicher Gesteine im Untergrund und entsprechend viele verschiedene Böden auf engem Raum. Zusammen mit der klimatischen Begünstigung ermöglichen diese Faktoren das Vorkommen von mehr als siebenhundert Arten von Farn- und Blütenpflanzen, womit ebenfalls ein großer – und noch nicht vollständig erfasster – Reichtum an Tierarten einhergeht. Das Siebengebirge besitzt im Vergleich zu anderen Gebieten Deutschlands eine größere Artenvielfalt. Dabei bilden die vielen unterschiedlichen Waldbiotope und die

Wärmeliebende Falterart: Spanische Fahne ⌃

Naturzerstörung und Naturschutz im Siebengebirge

Naturzerstörung und Naturschutz haben im Siebengebirge eine lange, gemeinsame Geschichte. Bereits im 1. Jahrhundert nach Christus entstanden die ersten römischen Steinbrüche am Drachenfels.

Nach dem Zerfall des römischen Reichs kam es erst im 11. Jahrhundert zur Wiederbelebung bestehender Steinbrüche und zur Neueröffnung weiterer (s. S. 72).

Im Jahr 1827 erwarb die Königswinterer Steinhauergewerkschaft den Bergkegel des Drachenfelsens und eröffnete im oberen Berghang zusätzliche Steinbrüche. Als in dieser romantisch verklärten Zeit Teile der Burgruine ins Tal stürzten, wurden die Steinbrucharbeiten durch die königliche Regierung 1828 untersagt. Der preußische Fiskus erwarb durch Zwangsenteignung in den folgenden Jahren den Bergkegel und bewahrte so die Burgruine vor der Vernichtung – eine Pioniertat hinsichtlich des Schutzes von Landschaft und Kulturgut. Diese Einzelaktion verhinderte jedoch nicht den Abbau in den zahlreichen anderen Steinbrüchen des Siebengebirges wie Stenzelberg, Wolkenburg, Ennert und Dollendorfer Hardt, um nur einige zu nennen.

Die Steinbrüche veränderten die Silhouette der Berge und zerstörten ihre natürliche Lebewelt, an deren Stelle sich – zum Teil durchaus interessante – Ersatzlebensräume bildeten. Es ist kein Zufall, dass 1869, in der Zeit der Romantik, in der Landschaft einen hohen ideellen Stellenwert besaß, sich der heutige „Verschönerungsverein für das Siebengebirge" (VVS) zum Kampf um diesen Gebirgsausschnitt formierte.

Nachdem im Jahre 1920 der Begriff des Naturschutzes erstmalig gesetzlich verankert wurde, wurde das Siebengebirge 1922 – zusammen mit der Lüneburger Heide – zum Naturschutzgebiet erklärt. Es ist somit eins der ältesten Naturschutzgebiete Deutschlands. Ein Jahr später

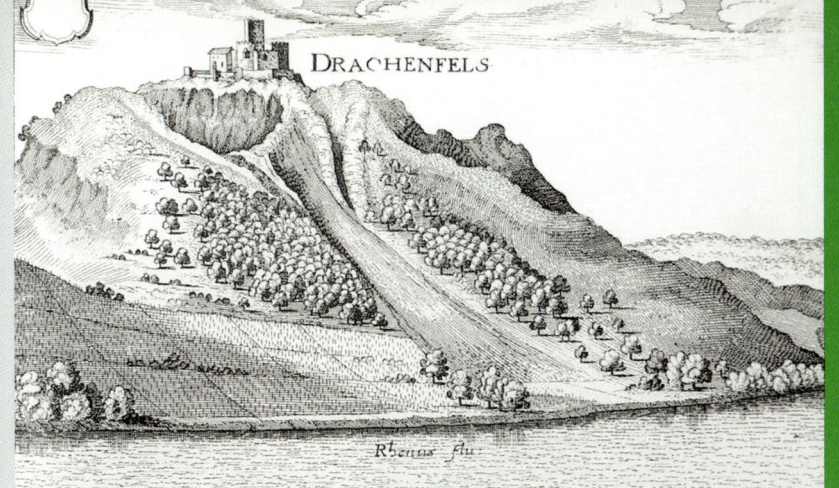

DRACHENFELS

Rhenus flu.

wurde durch eine Verordnung der Kahlschlag von Wäldern verboten, zudem wurden zahlreiche Pflanzen und Tierarten unter Schutz gestellt. Durch eine weitere Verordnung im Jahre 1930 wurde der Abbau von Bodenschätzen untersagt. Es kam zur Einstellung jeglicher Steinbruchaktivitäten.

1956 gaben Naturschützer den Anstoß zur Errichtung von Naturparken in Deutschland; auch hier gehörte das Siebengebirge zu den ersten.

1971 wurde durch den Ministerrat des Europäischen Rats der Naturpark Siebengebirge erstmals mit dem Europäischen Diplom für geschützte Gebiete ausgezeichnet.

Ab 1999 wurden 4.664 Hektar des Siebengebirges als „Fauna-Flora-Habitat" (FFH) in „Natura2000" eingegliedert, das europäische Netzwerk aus Schutzgebieten, in dem Europa sein Naturerbe bewahrt.

Seit dem Frühjahr 2007 wird an der Idee gearbeitet, die FFH-Flächen des Siebengebirges zum fünfzehnten deutschen und zweiten nordrheinwestfälischen Nationalpark zu machen, doch wurde diese Entwicklung im Herbst 2009 durch einen Bürgerentscheid der Stadt Honnef gebremst. Dennoch gehen die Signale in Richtung eines verstärkten Naturschutzes: In diesem touristisch stark belasteten Naherholungsgebiet in unmittelbarer Nähe der Stadt Bonn werden als weiterer Schritt über ein neues Wegekonzept die Ruhezonen für Tiere vergrößert. Zudem wurde im Januar 2010 beschlossen, auf den Flächen des VVS ein besonderes Wildschutzgebiet einzurichten. Wie auch immer das Ergebnis der weiteren Entwicklung aussehen wird – in naher Zukunft wird es bei der Betreuung des Gebiets durch den VVS eine Verstärkung des ehrenamtlichen durch den amtlichen Naturschutz geben, womit ein verbesserter Schutz der Landschaft, eine sicherere finanzielle Ausstattung und eine professionellere Ausrichtung einhergehen werden.

∧ *Der Stich von Matthäus Merian von 1646 zeigt die Landschaftszerstörung am Drachenfels mit Steinbruch und Steinrutsche zum Rhein.*

wärmebegünstigten, naturnahen Felsstandorte den Kern der ökologisch wertvollsten Bereiche.

Was die Unterschutzstellung des Walds angeht, so besteht häufig die irrige Auffassung, dass es ausreiche, wenn Bäume wüchsen und es Wald gäbe, und dass es keinen Unterschied mache, ob ein Wald bewirtschaftet sei oder nicht, ob er Naturschutzgebiet sei oder Nationalpark. Es gibt jedoch sehr große Differenzen in Wäldern verschiedener Nutzungsformen, und diese führen zu unterschiedlichen Ausstattungen an heimischer Artenvielfalt (Biodiversität). Diese Unterschiede sollen hier in der vorgegebenen Kürze umrissen werden.

Altersklassenwälder

Die artenärmsten Wälder sind sogenannte „Altersklassenwälder", vor allem, wenn sie mit Nadelhölzern bestockt sind. Zum einen sind zum Beispiel Fichten oder Douglasien keine Baumarten, die hier im Siebengebirge heimisch sind; die Wälder des Siebengebirges bestünden natür-

Altersklassenwald im Siebengebirge: astreine Stämme, keine Bodenvegetation, kein Totholz, keine Lichtung

licherweise aus Laubbäumen, insbesondere aus Buchen. Somit finden zum Beispiel alle heimischen Insektenarten, die in ihren Anpassungen auf Laubhölzer spezialisiert sind, keinen Lebensraum in einem Nadelwald. Standortfremde Baumarten sind also die ersten reduzierenden Faktoren, was die Artenvielfalt angeht. Weiterhin sind in einem Altersklassenwald alle Baumarten gleich alt und relativ dicht gepflanzt. Da Bäume ja mithilfe ihrer Blätter und des einfallenden Lichts Fotosynthese betreiben und darüber ihre Holzmasse aufbauen, bilden diese Wälder immer nur Äste nach oben aus, denn von rechts und links wird ja beschattet. Da aber auch die oben neugebildeten Äste die unteren beschatten, sterben diese ab, noch bevor sie kräftig werden konnten. So entsteht ein „astreiner" Stamm – gut für die Holzproduktion. „Stangenplantagen" nennen Naturschützer die Altersklassenwälder etwas spöttisch.

„Strukturarmut" ist der Fachbegriff, der in einem solchen Wald die fehlenden Möglichkeiten für die Besiedlung durch Tiere und Pflanzen beschreibt. Die durch das dichte Kronendach bedingte Dunkelheit verhindert das Aufkommen von Waldkräutern und Gräsern, daher ist der Boden nahezu vegetationslos. Keine Lichtung, in der eine Pflanze blühen könnte, kein Insekt, das eine Blüte bestäubt, und so fehlen auch ihre Fressfeinde, die Vögel. Doch diese fehlen nicht nur aus Nahrungsmangel, sondern auch, weil es keine starken, waagerechten Äste gibt, auf die man Nester bauen kann, kein Laub, das Sichtschutz bietet. Die Stämme sind zu jung, als dass sich im Laufe der Zeit durch Fäulnis Höhlen für Nester hätten bilden können, und zu hart, als dass Spechte sie aufmeißeln oder Käfer sich darin eingraben könnten. Somit fehlen auch ihre „Nachmieter", weitere Tierarten, die von den Höhlen oder Bohrlöchern als Wohnraumstruktur abhängig sind (s. Bild S. 92). Denn bevor die Bäume in einem Altersklassenwald alt und morsch werden und

⋀ *Artenvielfalt: Moose und Pilze auf Totholz*

damit Lebensraum für besonders seltene Arten wie Hirschkäfer, Mittel-
specht oder Raufußkauz bieten könnten, werden sie gefällt – und aus
dem Waldökosystem entfernt. In Altersklassenwäldern gibt es also keine
alten oder gar abgestorbenen Bäume, kein „Altholz" und kein „Totholz",
wie die Fachleute sagen. Doch gerade dieser Lebensraum beherbergt die
größte Artenvielfalt des Walds. Wegen der Strukturarmut und des Man-
gels an Alt- und Totholz sind Altersklassenwälder besonders arm an Tier-
und Pflanzenarten.

Wälder mit naturnaher Bewirtschaftung

Neben den Altersklassenwäldern gibt es die sogenannten „naturnah
bewirtschafteten" Wälder. In ihnen sind die Baumarten gemischt und
unterschiedlich alt, sodass mehr waagerechte Äste, mehr Laub als Sichtschutz und mehr Verstecke vorhanden sind. Es existieren also Möglichkeiten zum Nestbau, und es gibt ein Nahrungsangebot. Bei „naturnaher
Bewirtschaftung" werden nur einzelne Stämme gefällt, sodass Lich-
tungen entstehen und in ihnen junge Bäume nachwachsen. Welche
Arten dies sind, legt der Förster nach Bedarf fest: Laubbäume oder Na-
delbäume. Zumindest für einige Jahre fällt nun Licht auf den Waldboden,
Kräuter siedeln sich an, Insekten kommen, Vögel jagen sie, Rehe äsen,
ein Nahrungsnetz entsteht. Doch auch im naturnah bewirtschafteten
Wald werden die Stämme nach achtzig bis hundertzwanzig Jahren (da
ist ein Baum noch keinesfalls alt) gefällt und aus dem Wald entfernt.
Somit entsteht hier ebenfalls kein oder nur marginal Alt- und Totholz,
der artenreichste Lebensraum fehlt. Ein naturnah bewirtschafteter Wald
beherbergt eine größere Artenvielfalt als ein Altersklassenwald, aber von
seinem kompletten natürlichen Spektrum und den entsprechenden Po-
pulationsgrößen des Naturwalds ist auch er noch weit entfernt.

Naturnahe Buchenmischwälder an den Eingängen von Höllental (links) und Nachtigallental (rechts) bei Königswinter

Naturwald

Nur der vollständig geschützte Wald, der sogenannte „Naturwald", in dem keinerlei Nutzung oder Bewirtschaftung und damit keine Eliminierung von Alt- und Totholz und keine Anpflanzung nicht-heimischer Baumarten stattfindet, bietet die Lebensräume, in denen sich die komplette natürliche Artenvielfalt eines Standorts einstellen kann.

Die häufig angeführte Behauptung, dass die menschliche Nutzung der Landschaft im Siebengebirge nicht geschadet hätte, ist also faktisch falsch. Waldnutzung reduziert das natürliche Artenspektrum und schadet damit der Natur. Letztlich geht es um die Frage, ob wir inmitten unserer durch und durch von uns Menschen überprägten Landschaft, in der wir die Natur stets einschränken, dieser ein wenig mehr Fläche zu ihrer freien Entwicklung zur Verfügung stellen wollen – oder eben nicht. Vollständigen Schutz von Wäldern vor einer Nutzung gibt es nur in den Schutzgebietskategorien „Naturwaldzelle" und „Nationalpark"; selbst in Naturschutzgebieten ist naturnahe Bewirtschaftung erlaubt.

In Anbetracht der Tatsache, dass mit den wenigen Ausnahmen von Naturwaldzellen und Nationalparken aller Wald in Deutschland bewirtschaftet ist, wird die Antwort auf die vorausgehende Frage klar. Deutschland besitzt 1.564.806 Hektar an Buchenwäldern (Stand: Mai 2008) – diese wären die vorherrschende natürliche Waldform in Mittelgebirge und Tiefland. Davon sind aber nur rund fünfzigtausend Hektar unbewirtschaftet, dies ist ein Anteil von 3,2 Prozent der Buchen- und 0,47 Prozent der Gesamtwaldfläche in Deutschland.

Mit weniger als einem halben Prozent hat die Natur in deutschen Wäldern also nur sehr, sehr wenig Raum. Das Bundesamt für Naturschutz (BfN) strebt im Rahmen der „Nationalen Strategie der biologischen Vielfalt" eine Mindestfläche von fünf Prozent an, also die zehnfache Menge

an Naturwald für Deutschland, andere Fachleute halten sogar die zwanzigfache Menge für notwendig.

Das Siebengebirge hätte der „Hotspot" des Rheinlands für die Biodiversität in Deutschland werden können, wenn nicht mit der „Abwahl" des Nationalparks Siebengebirge durch die Stadt Bad Honnef im September 2009 große Chancen vertan worden wären. Als Beispiel und Vorbild kann hier der 2004 gegründete und bisher einzige Nationalpark in NRW dienen: der Nationalpark Eifel. Dort hat man sich das Potenzial „Nationalpark" in dreifacher Hinsicht zunutze gemacht:

• Naturschutz als Zugewinn an Lebensqualität – die heimische Biodiversität darf sich entfalten und wird erhalten.

• Der Image-Gewinn – die Eifel als Region ist positiv in das öffentliche Bewusstsein gerückt.

• Der wirtschaftliche Gewinn – die Nationalpark-Gemeinden profitieren von zusätzlichen Strukturen, Arbeitsplätzen und Einnahmen.

Ein häufiges Argument gegen einen verstärkten Naturschutz im Siebengebirge war, dass erst durch die menschliche Nutzung sich seltene Arten in diesem Gebiet eingestellt hätten und somit der wahre Naturschutz erst in der menschlichen Nutzung bestünde. Bei dieser Argumentation wird ignoriert, dass durch den früheren Bergbau ganze Bergkuppen abgetragen und ihre Wälder vernichtet wurden. Zunächst also sind größere Flächen und ihre Lebensräume der Zerstörung anheim gefallen. In den entstandenen Ersatzbiotopen siedelten sich anschließend seltene Arten wie Zippammer und Gelbbauchunke an. Die Ansiedlung dieser Arten rechtfertigt jedoch nicht die vorherigen Naturzerstörungen: Man muss keine Bergkuppen abtragen, um Zippammer und Gelbbauchunke anzusiedeln, das ginge auch mit weitaus harmloseren Mitteln.

Artenreichtum: morsches Totholz mit Bohrlöchern von Käfern, die von anderen Insekten und von Spinnen nachgenutzt werden

In diesem Sinne ist das Engagement des Verschönerungsvereins Siebengebirge (VVS) in den beiden letzten Jahrhunderten außerordentlich dankenswert, der diese destruktiven Einflüsse zum Stillstand gebracht hat. Doch die heutigen Nutzungsformen des Menschen sind, wenn auch anders, nicht weniger bedrohlich, beispielsweise die touristische Übernutzung des Siebengebirges am Rande des Ballungsraums Bonn. Unabhängig vom zukünftigen Schutzstatus wird es daher Maßnahmen der Besucherlenkung in diesem Schutzgebiet geben, indem die Übererschließung durch Wege reduziert wird zugunsten einer geringeren Zerschneidung der Lebensräume und größerer Ruhezonen für Tiere. Eines der Hauptargumente der Nationalpark-Skeptiker („Gängelung durch Vorschriften") wird damit hinfällig, denn nicht nur in einem Nationalpark ist

Die Zippammer – eine wärmeadaptierte Vogelart offener Felshänge und Steinbrüche
Potenzieller „Hotspot" der Biodiversität im Rheinland: die Wälder des Siebengebirges

Besucherlenkung notwendig und sinnvoll, auch andere Schutzgebietskategorien wie Naturschutzgebiete ermöglichen und erfordern sie.

Das Landesministerium für Umwelt und Naturschutz, Landwirtschaft und Verbraucherschutz (MUNLV) hat am Tag nach dem Bad Honnefer Bürgerentscheid die Arbeit an dem Projekt „Nationalpark Siebengebirge" eingestellt – damit entfallen auch strukturelle Förderungen wie Besucherzentren, die mit einer derartigen Einrichtung einher gegangen wären. Zur Drucklegung des Buchs war noch ungeklärt, mit welchen Maßnahmen der VVS seine Position nun wird stärken können – möglicherweise wird er sich in einen Zweckverband verwandeln, um auf diese Weise zu einer verbesserten finanziellen und personellen Ausstattung zu kommen, mit der er sich seinen gewachsenen Aufgaben stellen muss. Vielleicht aber bleiben auch lokale Initiativen wie der „Bürgerverein Nationalpark" rührig, um die Nationalparkidee trotz aller Widrigkeiten weiter voran zu treiben. Ein neuer Anfang wurde im Januar 2010 gemacht: Der VVS kündigte an, auf fünfhundert Hektar seiner Waldflächen ein besonderes Wildschutzgebiet einzurichten.

Sie sollten sich aber durch die politischen Entwicklungen der nahen Vergangenheit nicht davon abhalten lassen, die Schönheiten des Siebengebirges zu erkunden. Sie können hier wie in einem Lehrbeispiel alle Bewirtschaftungsformen des Walds finden – vom Altersklassenwald über den naturnah bewirtschafteten Wald bis hin zum Naturwald in den beiden kleinen Naturwaldzellen auf Petersberg und Nonnenstromberg. Neben Bergkuppen mit hervorragender Aussicht, wie zum Beispiel Großer Ölberg oder Leyberg, stoßen Sie auf Überreste des Mittelalters, etwa mit Löwenburg oder dem Ruinenrest Rosenau – nicht zu vergessen weitere Spuren des historischen Bergbaus, wie am Himmerich. Es gibt viel zu entdecken im Siebengebirge!

Seltener Frühlingsblüher, der wegen des günstigen Klimas im Siebengebirge vorkommt: der Zweiblättrige Blaustern

Mensch und Naturlandschaft im Siebengebirge

Nach dem Bad Honnefer Bürgerentscheid kann das Maßnahmenpaket, das für den Nationalpark vorgesehen war, nur teilweise umgesetzt werden. Geplant waren:

• Ein verbesserter Schutz der Natur durch die Lenkung der Besucherströme. Das Wegekonzept sah vor, die Erschließung stärker auf die Belange der Natur abzustimmen und die Hauptanfahrtspunkte zu entlasten.

• Vollständiger Schutz (sogenannter „Prozesschutz") für Pflanzen und Tiere in ihren Lebensräumen durch die Einstellung jeglicher Bewirtschaftung in den bestehenden FFH-Gebieten.

• Ein erweitertes Informationsangebot für Besucher.

Neben dem existierenden Besucherzentrum auf der Margarethenhöhe waren weitere Zentren in Bad Honnef, in Rhöndorf, am Ennert und in Eudenbach vorgesehen. Kleinere Informationsstationen sollte es an Parkplätzen oder Haltestellen des ÖPNV geben.

Umgesetzt werden von diesen Ideen in jedem Fall die Lenkung der Besucherströme, der Schutzstatus wird – auf nur fünfhundert Hektar – in Form eines besonderen Wildgebiets ausgeweitet. Ob das Informationsangebot für Besucher im gesamten Gebiet erhöht werden kann, war bei Drucklegung des Buchs nicht bekannt.

Herbst in den Wäldern des Siebengebirges ⌃

TOURISMUSINFORMATION
Tourismus Siebengebirge
(in der Talstation der Zahnradbahn)
Drachenfelsstr. 51
53639 Königswinter
Tel. 02223 / 91 77 11
www.siebengebirge.com

Empfehlenswert für Wanderungen im Siebengebirge ist die **Wanderkarte NRW Nr. 22 „Bonn, Siebengebirge und Kottenforst"** 1: 25.000

Informationen zur **Landschaft** finden Sie unter: www.naturpark-siebengebirge.de Der Trägerverein VVS unterhält das unten genannte Besucherzentrum und bietet ein umfangreiches Veranstaltungsprogramm mit Führungen zu den Themen der Landschaft an

Naturparkhaus auf der Margarethenhöhe
(Der Eingang befindet sich um die Ecke in der Löwenburger Straße)
Königswinterer Str. 409
53639 Ittenbach (Königswinter)
Tel. 02223 / 90 94 94

Auch das **Siebengebirgsmuseum** bietet thematische Führungen in die Landschaft des Siebengebirges an (s. S. 41)

Pflanzlicher Felsbewohner im Siebengebirge: Tüpfelfarn
Der Blutweiderich ist eine Hochstaude der Feuchtbiotope.